Eu sou do CAMARÃO *ensopadinho com* CHUCHU

Para a Vó Iracema e
o Vô Fontoura

A COMIDA É UM EXCELENTE FIO CONDUTOR PARA CONECTAR TEMPOS, O QUE, PARA MIM, SEMPRE VAI ENVOLVER TRADIÇÃO E MODERNIDADE.

Busco realizar uma culinária que, embora marcadamente brasileira, esteja conectada com as melhores gastronomias mundiais. O meu pensamento culinário procura a preservação da memória – que nasce da riqueza das nossas variedades de expressões e manifestações culturais – e dos sabores típicos de cada ingrediente, para que cada criação possa ser ao mesmo tempo um campo de conhecimento e um argumento do qual me utilizo para resgatar ingredientes brasileiros pouco valorizados.

A minha obsessão é fazer o trivial ganhar novos significados, a partir de uma ideia renovada. Gosto de trazer à tona essa personalidade oculta do ingrediente e lhe oferecer a linguagem da alta-gastronomia, para que se expresse para além desse lugar periférico ou de uma condição que nos acostumamos a ver como obrigatória.

Minha inquietação nasce, portanto, dessa necessidade de compreender e levar o paladar a um outro lugar, mostrar uma nova possibilidade para aquele ingrediente o qual costumamos guardar no nosso inconsciente, sempre da mesma forma. Assim, ao atribuir uma linguagem de expressão mais universal a esses ingredientes, faço uma aliança e uma conversa harmoniosa entre passado, presente e futuro.

Nossa própria comida e sua singular diversidade, expressada com outros olhos – novos olhos –, para além do típico, do regional, uma linguagem mais atemporal, mas que não deixa de estar referenciada em nossa cultura e ser reveladora da nossa identidade.

É esse acervo culinário presente em nosso terroir, nos nossos costumes diários mais simples, que, acredito, vai nos levar a uma gastronomia substantivamente brasileira, que para se manter sempre fresca e renovada não pode perder sua ligação com o mundo. Deve influenciar e ser influenciada por essa riqueza gastronômica global.

É isso que quero dizer quando defino minha cozinha como moderna brasileira: a preservação da nossa herança gastronômica, mas sem regionalismos. Uma comida atual, que procura unir esse nosso Brasil diverso e conversa com referências universais sem perder sua fonte nacional e o desejo de revelar todos seus gostos e tradições.

É um pouco disso que este livro quer contar. Ou será uma revista?

Nesse meu desassossego permanente, quando pensei num novo livro, foquei todos meus pensamentos e desejos numa só palavra: novo. Novas ideias, nova diagramação, nova cara, novo caminho, novas possibilidades. Um livro de gastronomia que parece uma revista! Uma revista de comida que parece um livro! Quero cor, papéis, texturas, suplementos, quero liberdade! Quero que você leve o livro para onde quiser e a revista por onde for, até para o banheiro! Eu adoro ler no banheiro. Quero que você manuseie, risque, rabisque, dobre páginas, arranque algumas se quiser, perca o pudor! Quero que você sinta o livro como quiser, como livro, que efetivamente conta uma história. Como revista, que, no final das contas, conta várias histórias. Quero privilegiar o dizer das imagens, tão próprio das boas revistas. Quero aproximar a estética artística e estabelecer – pelas fotografias, tanto as profissionais como as pessoais, por recursos digitais, pelos colaboradores convidados e por uma vanguarda editorial e gráfica – uma narrativa mais profunda com outros sentidos, traçando um paralelo com as demais artes. Quero muito! Assim como na cozinha, quero as cores, quero os desafios, quero os sabores, quero tomar sempre o caminho que passa por cozimentos lentos, raspas de panelas, tradição, que, se trilhado com inteligência, reflexão e liberdade, pode ser, e é, moderno! Pode ser ousado, pode ser, e é, Brasil! Pode ser, e é, novo!

Propositalmente, este livro/revista não tem divisões categóricas, foge da lógica óbvia dos capítulos; aliás, foge de qualquer lógica que pretenda restringir a liberdade. Como fio condutor, apenas a minha maior fonte de alegria e inspiração, os ingredientes do cotidiano brasileiro, uma grande dose de liberdade e uma boa pitada de sal e pimenta-do-reino moída na hora, dois elementos que não podem faltar na minha cozinha.

Nesse percurso em busca desse sonho meio de Ícaro, meio de valsa, usei a receita de sempre: bons ingredientes, poucas máquinas, muita humanidade e muita gente boa e feliz. Imagine Carlos Alberto Dória, Cora Rónai, Bia Lessa e Ignácio de Loyola Brandão embarcando nessa aventura? O estudioso, a superconectada, a diretora sensacional e o contista brilhante, os quatro seres mais criativos e da melhor cepa brasileira juntos! Imagine Nana Moraes entregando as lentes mais delicadas da fotografia brasileira aos caprichos da cozinha! Junte a esse staff a beleza do olhar, também fotográfico, de Ricardo Ferreira. A exatidão, inspiração e coerência, tanto afetiva quanto técnica, de Yuri Samico. Cineasta, poeta, artista, único. Capaz de contar histórias por meio de traços, fontes e linhas, com a mesma desenvoltura com que conta pelas lentes de seus filmes. Imagine um sonho desse, sem as Samicos? Andrea e Anna, presenças fundamentais na vida e nos sonhos, sejam de valsa ou de Ícaro, dessa cozinheira inquieta. Inimaginável a vida, os livros, as revistas, as viagens sem elas... Imagine essa trabalheira toda sem o cafezinho da Vó Iracema! Agora imagine organizar toda essa efervescência criativa? Só mesmo um editor destemido como o Júnior e uma editora ousada e corajosa como a Tapioca para mexer essa panela!

QUIABO DEFUMADO EM CAMARÃO SEMICOZIDO

8 filés de quiabo
Azeite de oliva extra virgem de baixa acidez
20 g de sementes de quiabo
16 camarões grandes, extremamente frescos
Sal marinho
Açúcar refinado
Pimenta-do-reino moída na hora
2 filés de tomates bem firmes, sem pele e sementes
Mistura japonesa de pimentas secas (tipo shichimi-togarashi)
Flor de sal

PARA 8 PESSOAS

Grelhe os quiabos em frigideira quente ou grelha com um fio de azeite, até ficarem ligeiramente chamuscados. Para fazer os filés de quiabo, abra-os ao meio no sentido do comprimento e retire todas as sementes e fibras com cuidado para não danificar as sementes. Mantenha os filés e as sementes gelados.

Limpe e retire a casca dos camarões. Branqueie rapidamente em água fervente com sal, apenas por alguns segundos, até mudarem de cor. Mergulhe imediatamente em um banho de água e gelo para interromper o cozimento e manter a textura desejada.

Fatie os camarões em lâminas muito finas, no sentido do comprimento, com a ajuda de uma faca afiada ou em uma máquina de cortar frios. Disponha as lâminas bem esticadas em uma folha de papel-manteiga e tempere com sal, açúcar, pimenta-do-reino moída na hora e um fio de azeite.

Recheie os filés de quiabo com as lâminas de camarão e mantenha-os refrigerados.

OVAS DE TOMATE

Corte os filés de tomate bem gelados em cubos muito pequenos, do tamanho de ovas de salmão. Mantenha bem gelado. Tempere as sementes de quiabo com sal, açúcar e um fio de azeite.

Disponha no fundo dos pratos um pouco de ovas de tomate, as sementes de quiabo e a pimenta japonesa. Regue delicadamente com azeite. Corte os quiabos ao meio e acondicione as duas metades em pé no meio do prato. Finalize com um pouco mais de sementes de quiabo e pedrinhas de flor de sal. Sirva bem gelado.

BOUILLON DE CAMARÕES VERMELHOS, COGUMELOS CRUS E ORA-PRO-NÓBIS

PARA 8 PESSOAS

16 camarões vermelhos de alto mar
2 cenouras
2 cebolas
2 talos grossos de alho-poró
4 talos de aipo
Azeite de oliva extra virgem
100 g de ora-pro-nóbis
Sal marinho
Uma pitada de açúcar
Pimenta-do-reino moída na hora
100 g de cogumelos portobello frescos
100 g de cogumelos-de-paris frescos
100 g de cogumelos cardoncello frescos
100 g de cogumelos shitake frescos
100 g de cogumelos shimeji brancos
Flor de sal

Limpe os camarões e reserve as cascas e as cabeças. Lave bem as cascas e as cabeças com água corrente no mínimo três vezes. Com a ajuda de um cotonete, limpe por dentro das cabeças para retirar qualquer resíduo. Deixe as cascas e as cabeças escorrendo por alguns instantes numa peneira e depois seque muito bem. Essa etapa é de extrema importância para o frescor do bouillon.

Higienize e corte todos os legumes aromáticos (cenoura, aipo, alho-poró e cebola) em pedaços iguais. Seque bem.

Aqueça um pouco de azeite em uma panela grande e junte as cascas e as cabeças de camarão, abaixe o fogo e refogue com cuidado por pelo menos 20 minutos sem deixar ressecar – quando isso acontecer, regue com um fio de azeite. Esse processo lento incentiva a liberação da gelatina natural e dos açúcares contidos nas cascas e nas cabeças de camarão. Depois que as cascas e as cabeças estiverem bem vermelhas e crocantes, acrescente os legumes e regue novamente com um fio de azeite. Repita o processo com cuidado por mais 15 minutos para formar um fundo bem caramelizado na panela. Nesse momento é importante controlar a altura da chama do fogão para não perder o ponto de caramelização, que é muito sutil.

Acrescente, então, 3 litros de água filtrada em temperatura ambiente e aguarde começar a levantar fervura. Quando estiver em ponto de ebulição, abaixe bem o fogo, acrescente as folhas de ora-pro-nóbis e cozinhe lentamente por pelo menos 2 horas, ou até que o volume de líquido tenha se reduzido a 2/3 do volume inicial. Este tempo é necessário para que o ora-pro-nóbis libere lentamente a sua gelatina natural, tornando o bouillon mais gelatinoso. Tampe e deixe descansar por mais 2 horas. Coe e tempere com sal, uma pitada de açúcar e pimenta-do-reino.

Cozinhe os camarões rapidamente no bouillon quente e sirva com os cogumelos crus. Na hora de servir, salpique algumas pedrinhas de flor de sal em cima de cada camarão e sirva imediatamente.

O meu *mise en place* não começa na cozinha. Começa no campo, no quintal do produtor.

C&F
BALANÇAS
liga
desl
tara
imprime

2.20
201

RARE
J&B
HAIG
VAT 69
KIT PITÚ
NINHO
Mucilon
OMO
Feliz Natal

O meu ponto de partida são os ingredientes banais do cotidiano brasileiro, sejam eles típicos do interior ou urbanos.

Refletir como tais produtos revelam aspectos da vida diária, da cultura e das visões de mundo me faz pensar em como podemos realizar mudanças contemporâneas sem, contudo, lhes retirar os usos centenários. Como determinado ingrediente pode se expressar sem perder sua identidade? É isso que faz parte da minha reflexão e como encaro a pesquisa que faço para realizar meu trabalho. Assim, escolho anualmente um ingrediente para pesquisar, explorar e esmiuçar o quanto posso. Foi assim com o quiabo, o maxixe, a abóbora, o chuchu, a banana, o milho, o cará e tantos outros. Penso sempre que os ingredientes, todos eles, possuem outras possibilidades que muitas vezes não estão óbvias, então reflito sobre isso para chegar a um resultado que seja interessante, sem mascará-lo ou transformá-lo em algo que ele não pediu para ser!

PARA 8 PESSOAS

GEMA CAIPIRA

- 100 g de quinoa em grão
- 200 ml de óleo de milho ou canola
- Sal
- Açúcar
- Azeite de oliva extra virgem
- 2 colheres (sopa) de vinagre de vinho branco
- 8 gemas de ovos caipiras bem frescos
- Flor de sal

Cozinhe metade da quinoa em água filtrada fervente por aproximadamente 10 minutos ou até que esteja al dente. Escorra e coloque em uma peneira para retirar todo o excesso de água. Com a ajuda de um garfo, separe bem os grãos para que fiquem bem soltinhos.

Aqueça o óleo e frite o restante da quinoa até ficar bem crocante e dourada. Escorra e coloque em uma folha de papel-toalha para retirar todo o excesso de gordura. Tempere a quinoa cozida com sal, açúcar e azeite. Tempere a quinoa frita com sal e açúcar.

Em uma panela com 200 ml de água em ebulição, acrescente o vinagre e abaixe o fogo. Coloque as gemas na água com vinagre, tomando cuidado para não quebrá-las, e cozinhe rapidamente, apenas até formarem uma espécie de capa, mantendo o interior mole. Sirva a gema bem quente sobre a quinoa cozida e finalize com a quinoa frita e a flor de sal salpicada por cima

8 coxas com sobrecoxas de pato
Sal
Pimenta-do-reino moída na hora
50 g de passas brancas
50 g de passas pretas
50 g de damasco seco
50 g de ameixa seca sem caroço
2 litros de cerveja clara
100 ml de tucupi
20 folhas de jambu fresco
100 g de couscous de sêmola

PATO NO COUSCOUS DE TUCUPI

PARA 8 PESSOAS

Preaqueça o forno a 180°C. Tempere as coxas e sobrecoxas de pato com sal e pimenta-do-reino. Disponha em um tabuleiro ou refratário e acrescente as frutas secas e a cerveja. Cubra com papel-alumínio e asse por mais ou menos 2 horas, ou até que o pato esteja bem macio. Mantenha a temperatura do forno constante para evitar o ressecamento da carne.

Retire o papel-alumínio e doure o pato regando com o líquido do cozimento até que fique bem dourado. Retire o pato com cuidado e coe o líquido para separar as frutas secas. Reserve as frutas para outra preparação.

Misture o tucupi com 30 ml do líquido coado, aqueça e corrija o tempero. Cozinhe as folhas de jambu nessa mistura e reserve. Hidrate o couscous aos poucos com água morna até que fique al dente. Em um prato fundo, coloque o couscous, cubra com o tucupi, as folhas de jambu e o pato assado. Sirva em seguida.

OSTRA VEGETAL

Salsa lisa
Óleo de canola
4 tomates orgânicos bem firmes e maduros
Flor de sal

Aqueça o óleo e frite as folhas de salsa rapidamente até que fiquem crocantes. Escorra e coloque em folhas de papel-toalha para que fiquem bem secas. Quebre-as em pedacinhos e reserve.

Corte cerca de 1 cm na base do tomate para identificar a divisão entre as cavidades. Separe cada cavidade mantendo as sementes intactas. Corte a parte central do tomate e retire cuidadosamente, como se estivesse retirando uma ostra da concha, o miolo gelatinoso onde estão acomodadas as sementes. Retire com muito cuidado para manter essa parte intacta. Mantenha as ostras bem geladas até a hora de servir.

Acomode as colheres de sobremesa no freezer e deixe por pelo menos 1 hora. Sirva a ostra bem gelada na colher congelada. Salpique com a salsa frita e flor de sal, e sirva imediatamente.

PARA 8 PESSOAS

ALTA TEMPERATURA INTELECTUAL, BAIXA TEMPERATURA CASEIRA

CARLOS ALBERTO DÓRIA

Foi risível ver a última lista do *The World's 50 Best Restaurants* incluir Roberta Sudbrack e Helena Rizzo como estrelas ascendentes ou "apostas" para os próximos anos, pois sabemos, há muito tempo, que essas duas gaúchas vêm conduzindo a consolidação da Moderna Cozinha Brasileira que o mundo irá reconhecer, ainda que aos poucos, pela sua força extraordinária.

Mas *The World's 50 Best* expressa o ritmo de percepção do *mainstream*, não o constante romper de barreiras para o qual os gastrônomos sempre estão atentos, sendo que o livro que o leitor tem em mãos é mais um passo seguro nessa direção, pois Roberta é, incontestavelmente, líder dessa Moderna Cozinha Brasileira que ela mesma grafa com letras maiúsculas, tamanhos seu otimismo e esperança.

Claro, podemos conceder aos estrangeiros que a cozinha brasileira não é mesmo fácil – e talvez por isso eles não consigam ver com clareza em meio a um jogo complexo de sombras e luzes. Somos um país muito grande, com várias "culinárias", de sorte que dentro do próprio território nacional não nos conhecemos o suficiente. Quantos brasileiros já experimentaram tucupi? Certamente muito poucos. Quantos conhecem pequi? E todos desconfiamos de um certo artificialismo na feijoada, quando vista como "prato nacional". Certamente é mais simbólico do que real, tantas são as "feijoadas" Brasil afora, variando o suficiente para parecerem pratos distintos. Muito mais efetivo é o churrasco, que se come dos Pampas às fronteiras amazônicas.

Então, renovar uma cozinha assim, sem uma espinha dorsal clara, é tarefa que exige talento e trabalho; algo que se faz na paciência de cozinhas-laboratórios. Mesmo entre aqueles que assumiram o desafio renovador em meio a uma opinião pública que celebrava a tradição, muita gente foi ficando pelo caminho por timidez, inventando "escondidinhos" nos quais substituíam a mandioca por outro tubérculo, a carne seca por linguiça, e assim por diante.

De fato, a ousadia não pode parecer, aos olhos do público, uma profanação. É preciso caminhar com cuidado, entender que a tradição representa uma solução consagrada para o uso de ingredientes que precisavam ser revisitados, reavaliados, e não substituídos como se fossem fonte de "caducidade".

Assim, durante um bom tempo, os esforços em prol de uma Moderna Cozinha Brasileira estiveram presos a uma lógica mais alegórica do que inventiva. Era como se quiséssemos aprender uma língua não pela sua sintaxe, mas pelos sotaques regionais. Num outro extremo, vimos uma adesão entusiasmada à renovação técnica que soprava da Europa, especialmente da Espanha, e, por esse caminho, muitos cozinheiros "descolaram" do Brasil.

Felizmente, esta fase foi curta, pois a cozinha brasileira é extremamente rica pela sua diversidade, e, uma vez quebrado o tabu da tradição imutável, foi engrossando o time dos cozinheiros dispostos a interrogar o que tinham à volta, iniciando um período de reflexão nunca antes visto. Foi nesse momento

que pessoas como Roberta Sudbrack entraram em cena, liderando o processo revisionista que vem resultando na Moderna Cozinha Brasileira.

O original no trabalho de Roberta é que ele não separa a pesquisa de ingredientes do desenvolvimento de técnicas adequadas para transformá-los. Não faz uma cozinha "nacionalista" pela escolha dos ingredientes autóctones; nem uma cozinha "espanhola" em terras brasileiras. Seu caminho é outro.

Tome-se como exemplo sua visitação ao milho ou à banana. Tratar gastronomicamente o cabelo do milho, a casca do seu endosperma ou a casca da banana não nos remete a qualquer bibliografia consagrada, de sorte que o caminho é sempre experimentar e experimentar – coisa que Roberta Sudbrack faz durante meses a fio com qualquer ingrediente que escolha, para levá-lo a "falar alto", ao mesmo tempo em que fixa técnicas adequadas para o melhor aproveitamento do produto em causa.

Por outro lado, diante da diversidade tão grande que os produtos brasileiros apresentam, é preciso saber escolher o que explorar. E Roberta sabe. Sabe porque sempre escolhe seus ingredientes num repertório de forte enraizamento na culinária popular. Isso é muito importante num país onde o elitismo à mesa, desde a chegada da Corte, sempre mirou a tradição francesa, e até mesmo no período da *nouvelle cuisine* estivemos mais preocupados aqui em produzir um foie gras decente do que em entender o chuchu.

A questão básica é saber até onde é legítimo falarmos em "culinária brasileira" quando usamos ingredientes nativos de consumo restrito e, por outro lado, até onde é legível a brasilidade por meio dos ingredientes, nativos ou não. Ambas as questões dizem das relações dos brasileiros com os aspectos materiais da sua própria culinária. Me explico. Legitimidade se refere a algo "brasileiro", a exemplo do tucupi, mesmo para quem jamais o tenha experimentado – ou seja, a maioria da população. Afinal, é nativo e suficientemente enraizado em parcela do nosso vasto território. Já a legibilidade diz respeito àquilo que, sendo nativo ou exótico aclimatado, é reconhecido claramente na mesa brasileira, a exemplo do arroz com feijão que todo mundo conhece.

O tucupi é amazônico antes de ser "brasileiro", e só por nacionalismo dizemos "é nosso"; o arroz com feijão é nacional e popular; está em quase todos os cantos do país, em centenas de variedades. Do mesmo modo, o quiabo e o chuchu são muito mais reconhecíveis pelos brasileiros do que o pequi, o tucupi ou as formigas.

Em resumo, Roberta trabalha, acertadamente, mais com a "legibilidade" do que com a "legitimidade" nacionalista. A fruta do conde, o frango caipira, a ora-pró-nobis, o milho, o chuchu, o maxixe, as bananas, o quiabo, a abóbora – tudo isso é perfeitamente legível, sem importar se é coisa autóctone ou incorporada ao longo dos séculos em nossa dieta. Desse modo, Roberta resolve o dilema "nacionalista" pelo caminho do que as pessoas realmente comem no cotidiano; não por meio de "expedições" que hoje são feitas por chefs de cozinha para "redescobrir" ingredientes nativos nos confins da Amazônia ou do cerrado brasileiro.

Some-se a isso que, em sua pesquisa, Roberta "inventa" novas velhas técnicas; improvisa vocabulário. Por exemplo, a "baixa temperatura caseira". Há grande ironia nessa expressão que ela usa e que só os iniciados nas artes gastronômicas alcançam. A baixa temperatura certamente existe desde que o fogo é fogo. Mas, de uns anos para cá, depois que Hervé This mostrou os efeitos especiais da cocção a menos de 70 °C sobre as carnes, os restaurantes "*in*" resolveram alardear nos cardápios: "carne a baixa temperatura" – usando e abusando das técnicas de sous-vide e do banho-maria controlado (Roner). Pouco importa qual seja essa temperatura – e pode ser variada –, pois o importante é mostrar que se segue os novos cânones da moda.

Roberta, ao introduzir o adjetivo "caseira", subverte a mensagem carregada de epistemologia ultramoderna para aterrissar no normal da vida. Também se cozinha a baixa temperatura em casa, no fogão a lenha; nas churrascarias que colocam o cupim e a costela de boi bem longe do fogo, submetendo-os por doze horas ou mais. Então, onde está a novidade? A novidade está em ampliar a utilização dessa faixa de calor, não na tecnologia. A expressão robertiana é, portanto, uma crítica ao novidadeirismo, ao mesmo tempo em que se mostra alinhada com a "redescoberta" das virtudes dessa fonte tradicional de calor moderado. Assim, posiciona-se também ao lado do acolhimento que há na "vida caseira".

Essa dialética que Roberta estabelece entre o tradicional e o moderno, entre o tecnológico e o corriqueiro – inclusive quando diz, numa época de automatismo e tecnificação, que sua *mise en place* começa na roça –, talvez seja a principal marca distintiva de sua cozinha. Ela sabe que um cozinheiro não se faz apenas por escolhas técnicas, e que é preciso alinhamento com o que de bom existe na crueza das matérias-primas. Não porque hoje também esteja em moda a "volta às raízes", mas porque, fora da integração vertical agricultura-cozinha, parece não haver caminhos gastronômicos capazes de levar ao futuro de esplendor culinário que todos esperamos.

A cozinha que dá primazia às técnicas não tem muito fôlego. A cada ano novas coisas vão sendo inventadas e adotadas pelos cozinheiros, deixando-se para trás as fases anteriores. A banalização das famosas "espumas" de Adrià levou-o a ver com desolação a vida curta daquela sua ideia tão original. Já a cozinha que dialoga permanentemente com ingredientes terá a duração dos ciclos naturais que se sucedem infinitamente, quase sem alteração. Todo ano é possível revisitar de maneira nova o que já se conhece. Para estar nessa segunda linha evolutiva, é preciso interrogar sempre o ingrediente e tirar dele respostas satisfatórias para nossos desejos de fruição.

O quiabo, descontado o isolamento ideológico que cerca os elementos da "comida popular", traz em si a dificuldade de inúmeras pessoas diante do abismo que sua "baba" instaura à mesa. É uma barreira, sobretudo, psicológica. Pois Roberta soube decompor o quiabo em tantos elementos constitutivos quanto os prazeres que vislumbrou, observando de perto o fruto fibroso. Da percepção da baba ao destaque do "caviar", é uma revolução cultural que se processa, pondo o quiabo à mesa de maneira inteiramente nova – inclusive utilizando, para tanto, a técnica de grelhar ou "defumar" o fruto, minimizando a baba.

Os casos do milho, do chuchu, do cará, do maxixe e da abóbora são igualmente ilustrativos do sudbrackismo, e o leitor encontrará nesse livro receitas suficientes que permitirão compreender o processo de trabalho de Roberta em seu restaurante. Desse modo, entenderá também por que Roberta trabalha os pratos isoladamente, sem necessidade de enquadrá-los nas andaduras convencionais da refeição, como entrada, prato principal e sobremesa.

Se quisermos fazer uma analogia com a música, diremos que a cozinha de Roberta Sudbrack remete mais a Eric Satie do que a qualquer outro compositor moderno. É uma cozinha cerebral, como a música de Satie, cuja ironia musical lembra o que a cozinha de Roberta tem de afetivo sob o manto da pesquisa racional. Basta que prestemos atenção para compreendermos o sentido todo da obra. Assim como Satie não se presta como "música de fundo", o trabalho de Roberta não se confunde com uma comidinha cotidiana só porque leva quiabo ou chuchu. Ela é a celebração do quiabo, sua consagração como ingrediente de valor universal.

Por outro lado, como ela mesma diz, "estamos construindo dia após dia [...] uma cozinha moderna que preserva nossa herança gastronômica e utiliza como argumento justamente a preservação dessa herança sem regionalismos. Ou seja, a cada dia que passa, justamente pelo nível técnico e intelectual de tantos chefs Brasil afora, estamos cada vez mais livres para experimentar, discutir, reavaliar e atribuir uma linguagem mais universal para esses ingredientes que frequentemente nossa mente só reconhece de uma maneira".

Esse é o caminho, e esses são os problemas que os cozinheiros devem enfrentar. Trata-se de buscar uma qualidade nova para a gastronomia no Brasil, que consiga inscrever ingredientes e memória afetiva num quadro mais geral de referências. As conquistas serão tão mais acessíveis na medida em que nos organizemos, intensifiquemos as trocas de experiências, de ideias, de problemas e angústias, superando o isolamento natural que a prática competitiva da cozinha impõe aos seus autores.

Quando os cozinheiros deixarem de se ver como antagônicos, cooperando de maneira sempre mais aberta, mais facilmente chegaremos a um patamar superior de gastronomia. A França, a Itália e a Espanha não se projetaram só por obra e graça de gênios, mas pelo trabalho persistente, consistente, insistente, de milhares de cozinheiros, jornalistas e estudiosos que deram o melhor de si para a gastronomia. E é por isso que o trabalho da Roberta é tão bonito, emocionante e estratégico: ele aponta para o futuro que queremos, sem encalhar em modismos.

8 corações de palmito da palmeira real
10 g de basílico verde e mais um pouco para a marinada
Óleo de canola para fritar
100 g de tomates-perinha orgânicos
100 ml de azeite de oliva extra virgem de baixa acidez
50 g de alho
Sal
Flor de sal

PALMITO BEBÊ,

PASSATA DE TOMATE MARINADO E BASÍLICO

Descasque com cuidado o palmito até chegar ao miolo, um cilindro fino e com aproximadamente 8 cm comprimento. Retire o miolo com cuidado e reserve.

Frite as folhas de basílico em óleo quente rapidamente até ficarem bem crocantes. Retire e coloque em folhas de papel-toalha para retirar o excesso de óleo. Quebre em pedacinhos. Cozinhe os tomates na água fervente por apenas 30 segundos. Em seguida, coloque num banho de água e gelo para interromper o cozimento e retirar a casca com facilidade. Faça uma marinada com o azeite, o alho, algumas folhas de basílico fresco e sal. Coloque os tomates descascados nessa marinada e deixe por pelo menos 12 horas. Na hora de servir, amasse com um garfo para formar um molho pedaçudo. Sirva o palmito cru com a passata de tomate e o basílico frito. Tempere apenas com flor de sal.

PARA 8 PESSOAS

3 kg de costelinha de porco
Sal
Pimenta-do-reino moída na hora
300 g de manteiga sem sal gelada
100 ml de azeite de oliva extra virgem
50 ml de mel de laranjeira
2 colheres (sopa) de água

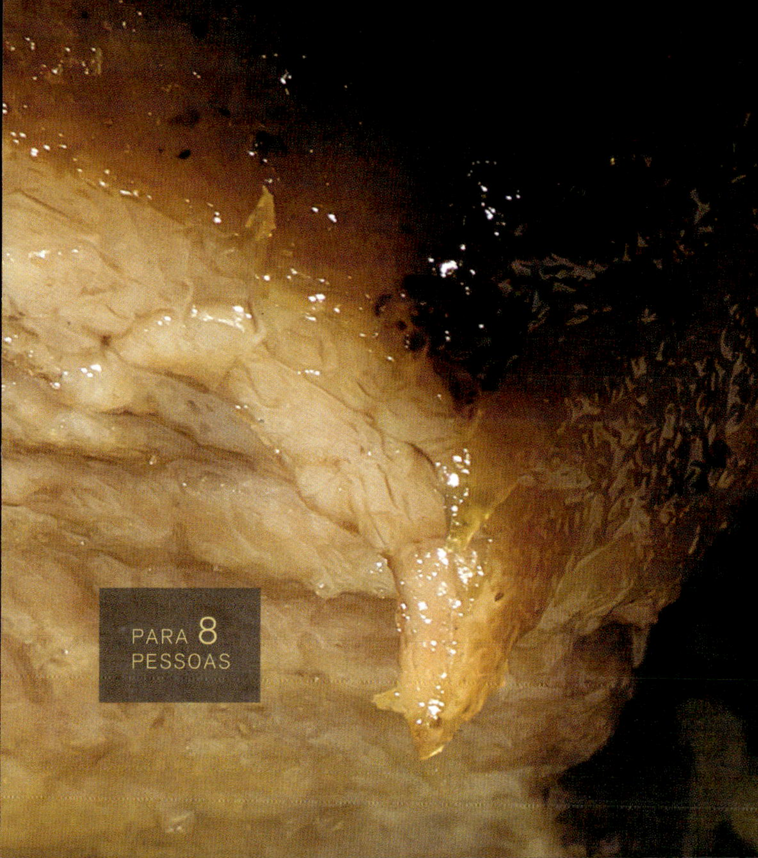

PARA 8 PESSOAS

Preaqueça o forno a 100°C.

Disponha as costelinhas bem secas em uma assadeira e tempere por todos os lados com sal e pimenta-do-reino. Corte metade da manteiga em cubos e disponha por cima da carne. Regue com azeite e cubra a assadeira com papel-alumínio, certificando-se de que fique bem fechada. Dessa maneira, o vapor irá ficar preso na parte interna e circular por igual, mantendo a carne úmida durante o tempo de cozimento e evitando que perca unidade e volume.

Asse por mais ou menos 6 horas, ou um pouco mais, dependendo do tipo de carne, mantendo sempre a temperatura constante nos 100°C. A cada hora, retire do forno e abra, retirando o papel-alumínio com cuidado, pois o vapor estará todo concentrado na parte interna da assadeira. Vire totalmente a carne na assadeira e acrescente mais manteiga e azeite todas as vezes que perceber que a carne está ressecando. Feche novamente com cuidado para que o vapor fique todo preso do lado de dentro. Quando a carne estiver macia, retire o papel-alumínio e pincele a parte da gordura, que deverá estar virada para cima, com o mel dissolvido na água. Leve novamente ao forno, sem cobrir, até dourar por completo.

RAVIOLI DE CHANTILLY
DE BATATAS E BOTTARGA

PARA 8 PESSOAS

MASSA

800 g de farinha de trigo especial peneirada
200 g de farinha de grão duro peneirada
8 ovos caipiras bem frescos
4 gemas de ovos caipiras
2 colheres (sopa) de azeite de oliva extra virgem
1 colher (chá) de sal

RECHEIO

1 kg de batata asterix bem nova
1 litro de leite
Sal
50 g de manteiga sem sal
Uma pitada de açúcar

FINALIZAÇÃO

Folhas de salsa lisa
Óleo de canola para fritar
50 g de manteiga sem sal
1 dente de alho
Bottarga em pó

MASSA

Coloque as farinhas misturadas em uma superfície plana e faça uma cavidade no meio, deixando as bordas altas. Coloque os ovos e as gemas na cavidade e bata com o garfo para misturar bem. Acrescente o azeite, o sal e misture.

Misture a farinha com os ovos aos poucos, até formar uma massa que desgrude das mãos. Se a massa estiver muito úmida, acrescente mais farinha misturada; se estiver muito seca, adicione mais uma gema de ovo até adquirir uma massa homogênea. Misture bem a massa por pelo menos 15 minutos. Cubra e deixe descansar por no mínimo 1 hora. Abra a massa na espessura desejada, recheie com a mistura de batata e faça raviólis médios com a ajuda de um cortador.

RECHEIO

Cozinhe as batatas inteiras com a casca até que estejam bem macias. Descasque e passe no espremedor enquanto ainda estiverem quentes. Coloque a batata espremida em uma panela e aqueça no fogo para retirar a umidade. Adicione o leite aquecido aos poucos e bata vigorosamente com a ajuda de um batedor de arame para deixar a batata o mais cremosa e aerada possível. Passe a mistura ainda quente por uma peneira bem fina, repetindo esse processo quantas vezes forem necessárias para deixar a mistura o mais leve, aerada e lisa possível. Tempere com sal e a manteiga gelada, mexendo vigorosamente para emulsionar. Recheie a massa com essa mistura.

FINALIZAÇÃO

Frite as folhas de salsinha rapidamente em óleo quente até ficarem bem verdes e firmes. Escorra e coloque em folhas de papel-toalha para retirar o excesso de óleo. Derreta a manteiga com o dente de alho descascado em fogo muito baixo por alguns minutos, até que a manteiga esteja impregnada com o sabor do alho. Cozinhe os raviólis, polvilhe com a bottarga, a manteiga aromatizada e a salsa. Sirva imediatamente.

Não vejo problema em, por exemplo, utilizar outros ingredientes na minha cozinha junto com os ingredientes nacionais. Não acredito em uma cozinha brasileira presa em si mesma e que não admite influências.

Curau, Pele de Banana e Caviar

Curau
3 espigas de milho orgânico bem branquinho
20 ml de Leite integral
Sal
Açúcar refinado
20 g de manteiga sem sal gelada

Pele de Banana
6 bananas-ouro maduras
1 limão

Farinha de Banana
10 bananas-ouro maduras

Finalização
20 g de caviar

PARA 8 PESSOAS

Curau

Lave e debulhe o milho. Numa panela pequena, acrescente um pouco de manteiga e os grãos de milho. Junte o leite e uma pitada de sal e açúcar e cozinhe até ficar macio. Leve a mistura ao multiprocessador. Acrescente a manteiga gelada aos poucos e processe ligeiramente. Corrija o tempero e reserve.

Pele de Banana

Amasse a banana e passe por uma peneira de plástico. Adicione gotinhas de limão para evitar a oxidação muito rápida. Com a ajuda de uma espátula, espalhe finas camadas da mistura numa folha de silicone (silpat) e asse em forno preaquecido a 180°C por 5 minutos, ou até que esteja bem seco. Retire da folha ainda quente e mantenha em recipiente hermeticamente fechado.

Farinha de Banana

Corte a banana em rodelas de aproximadamente 0,5 cm de espessura, coloque-as lado a lado sobre uma folha de silicone (silpat). Polvilhe cada uma com uma camada fina de açúcar e leve ao forno a 130°C por aproximadamente 2 ou 3 horas, ou até obter pequenas pastilhas desidratadas de tom marrom-escuro. Deixe esfriar e bata no processador até obter um pó semelhante ao pó de café. Reserve em recipiente hermeticamente fechado.

Finalização

Disponha um pouco de curau morno no fundo do prato, o caviar e a pele de banana. Polvilhe com a farinha de banana e sirva.

PELE DE MILHO, SEMENTES DE FIGO E FOIE GRAS

PARA 8 PESSOAS

1/4 de cebola picada
1 dente de alho picado
Azeite de oliva extra virgem
50 g de canjiquinha
500 ml de água ou quanto baste
1 pitada de sal
1 pitada de açúcar
2 figos roxos maduros
200 g de terrine de foie gras congelado
Flor de sal

Refogue a cebola e o alho no azeite, junte a canjiquinha e cubra com água quente. Cozinhe por aproximadamente 20 minutos, ou até que a canjiquinha esteja al dente. Se necessário, acrescente mais água quente durante o cozimento. Tempere com o sal e o açúcar. Retire do fogo e, com a ajuda de uma espátula, forme discos bem finos em cima de uma folha de silicone (silpat).

Asse em forno preaquecido a 180°C por cerca de 15 minutos, ou até a pele secar e ficar dourada e crocante. Deixe esfriar e mantenha em um recipiente hermeticamente fechado.

Corte os figos em quatro e retire com cuidado somente as sementinhas do miolo.

FINALIZAÇÃO

Disponha as sementes do figo por cima da pele de milho, rale o foie gras por cima, salpique com flor de sal e sirva imediatamente.

Extrair duas, três, quatro texturas de uma abóbora me encanta, me instiga e me atormenta.

Pensar nela em diferentes perspectivas, extrair o melhor e o inusitado, sem, de maneira alguma, ferir a sua integridade: aí está a ciência no meu modo de ver e pensar a gastronomia.

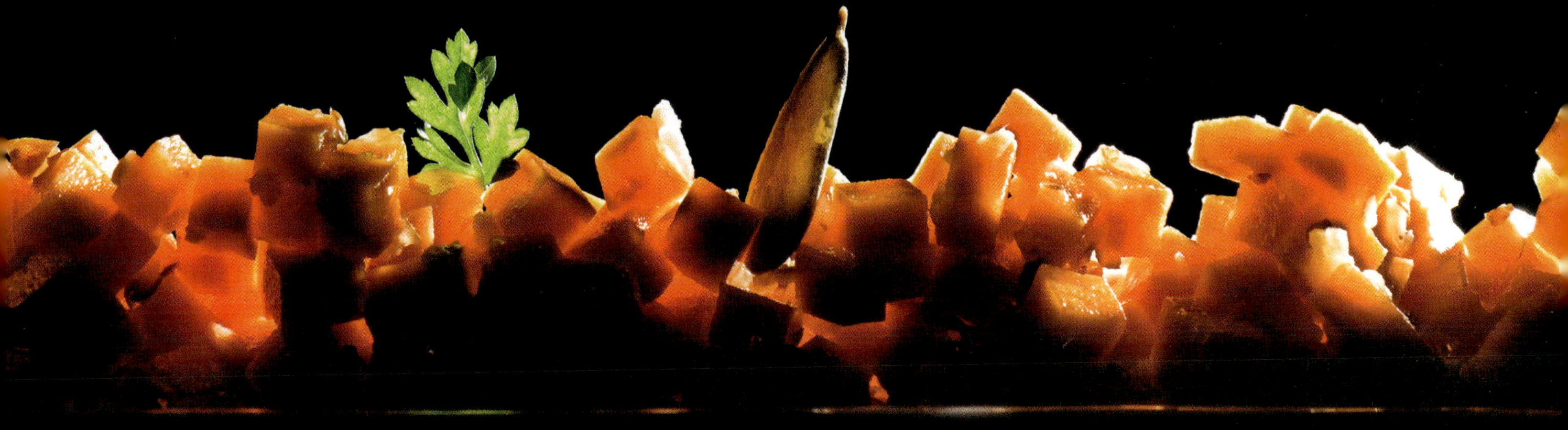

200 g de abóbora madura
1/2 xícara de vinagre de arroz
1 colher (sopa) de açúcar mascavo
2 colheres (sopa) de passas pretas sem caroço
1 colher (sopa) de gengibre fresco ralado
1 colher (sopa) de gengibre em conserva
1/2 cebola em fatias finas
Azeite de oliva extra virgem
Sal
Pimenta-do-reino moída na hora
Sementes de abóbora sem casca

TARTARE DE ABÓBORA

Corte as abóboras e as passas em pequenos cubos.

Em uma panela, adicione o vinagre de arroz e o açúcar mascavo e aqueça por alguns minutos até que fique com a aparência de um xarope ligeiramente concentrado. Misture esse xarope à abóbora crua, acrescentando as passas e os gengibres. Reserve.

Doure ligeiramente a cebola em 2 colheres (sopa) de azeite. Misture a cebola dourada com a abóbora, tempere com sal, pimenta-do-reino moída na hora e azeite. Deixe descansar por pelo menos 2 horas na geladeira. Sirva com as sementes de abóbora levemente aquecidas.

PARA 8 PESSOAS

RAVIO
BETER
ASSA
PARME

LE DE
RRABA
DA E
GIANO

PARA 8
PESSOAS

RECHEIO

1 kg de beterraba orgânica
1 colher (sopa) de azeite de oliva extra virgem
1 colher (sopa) de manteiga
200 g de ricota fresca de baixa acidez
50 g de queijo parmigiano reggiano ralado
Sal
Pimenta-do-reino moída na hora

Lave e seque bem as beterrabas. Corte-as em pedaços sem retirar a casca e asse em forno médio com o azeite e a manteiga até que estejam macias e ligeiramente caramelizadas por fora, por cerca de 20 minutos. Coloque a beterraba, a ricota e o parmigiano no multiprocessador, tempere com sal e pimenta-do-reino moída na hora e bata até obter uma mistura bem lisa.

CEBOLINHA CROUSTILLANT

1 xícara de azeite de oliva extra
4 cebolas fatiadas fino

Coloque todo o azeite em uma panela pequena, acrescente a cebola com o azeite ainda frio e só então aqueça. Doure a cebola nessa imersão, mexendo sempre com a ajuda de um garfo para não grudar, até que fique bem crocante e dourada. Retire e coloque a cebola imediatamente em uma peneira para escorrer. Separe bem com a ajuda de um garfo para que não fique grudada. Transfira para um papel-toalha para que fique bem sequinha. Mantenha em um recipiente hermeticamente fechado.

MASSA

800 g de farinha de trigo especial peneirada
200 g de farinha de grão duro peneirada
8 ovos caipiras bem frescos
4 gemas de ovos caipiras
2 colheres (sopa) de azeite de oliva extra virgem
1 colher (chá) de sal

Coloque as farinhas misturadas em uma superfície plana e faça uma cavidade no meio deixando as bordas altas. Coloque os ovos e as gemas na cavidade e bata com o garfo para misturar bem. Acrescente o azeite, o sal e misture.

Misture a farinha com os ovos aos poucos, até formar uma massa que desgrude das mãos. Se a massa estiver muito úmida, adicione mais farinha; se estiver muito seca, adicione mais uma gema de ovo até adquirir uma massa homogênea. Misture bem a massa por pelo menos 15 minutos. Cubra e deixe descansar por no mínimo 1 hora. Abra a massa na espessura desejada, recheie com a mistura de beterraba e faça raviólis médios com a ajuda de um cortador.

FINALIZAÇÃO

1 xícara de manteiga
20 g de queijo parmigiano reggiano
½ xícara de broto de beterraba orgânica

Prepare uma manteiga noisette: derreta a manteiga até ficar ligeiramente queimada – deve ficar com a cor e o aroma de avelã. Cozinhe a massa rapidamente e escorra. Disponha os raviólis no fundo dos pratos, cubra com um pouquinho de parmigiano ralado bem fino, um fio de manteiga noisette e finalize com a cebolinha croustillante e os brotinhos de beterraba.

TATAKI DE ATUM, FEIJÃO VERDE E AÇÚCAR DE BETERRABA

PARA 8 PESSOAS

300 g de beterraba orgânica
Azeite de oliva extra virgem
1 colher (sopa) de manteiga
20 g de açúcar mascavo
200 g de lombo de atum vermelho fresco
Sal
Pimenta-do-reino moída na hora
100 g de feijão-verde fresco descascado
30 g de amendoim torrado
Açúcar refinado
Brotos e ervas frescas
Flor de sal

AÇÚCAR DE BETERRABA

Lave e seque bem a beterraba. Corte em pedaços sem retirar a casca. Faça um pacotinho com papel-alumínio e coloque a beterraba dentro. Regue com um fio de azeite e acrescente a manteiga e o açúcar mascavo.

Asse em forno baixo pré-aquecido a 160°C por aproximadamente 40 minutos, ou até que comece a formar um suco no fundo dos pacotinhos. Retire a beterraba e coe o suco. Resfrie o suco para retirar o excesso de gordura. Misture-o com um fio de azeite para emulsionar. Reserve.

TATAKI

Sele o atum rapidamente por todos os lados em uma frigideira quente com um fio de azeite. Tempere com sal e pimenta-do-reino moída na hora. Deixe esfriar e enrole em filme plástico bem apertado. Reserve resfriado.

FINALIZAÇÃO

Lave e seque bem o feijão-verde. Cozinhe em água fervente por apenas 4 minutos. Retire e resfrie em um recipiente com água e gelo. Seque bem e bata com a ponta da faca para obter uma farinha grossa. Misture delicadamente ao amendoim e tempere com sal e açúcar.

Fatie o tataki o mais fino possível e sirva sobre o feijão-verde. Regue com o açúcar de beterraba e finalize com os brotos e as ervas. Salpique flor de sal no último momento e sirva.

PROCURO
MINHA
E MEU
ABERTOS.
QUE A
COZINHA
COM O
QUE
LIVRE,

MANTER
MENTE
OLHAR
QUERO
MINHA
DIALOGUE
MUNDO,
SEJA
LEVE.

LAGOSTIM em lâmina de CHUCHU e leite de AMENDOIM

3 chuchus orgânicos
Azeite de oliva extra virgem
Sal
Pimenta-do-reino moída na hora
200 g de amendoim cru descascado
60 ml de creme de leite fresco de baixa acidez
40 ml de leite integral
Uma pitada de açúcar
1 colher (sopa) de manteiga sem sal
20 g de passas pretas
16 lagostins grandes descascados e limpos
Flor de sal

PARA 8 PESSOAS

Corte o chuchu em lâminas finas com a ajuda de um mandoline. Grelhe as lâminas em um char-broiller ou placa de ferro até que fiquem ligeiramente chamuscadas, mas sem perder a textura crocante. Regue com azeite durante o processo para evitar que ressequem. Tempere com sal e pimenta-do-reino e reserve. No forno preaquecido a 180°C, aqueça o amendoim sem deixar dourar, apenas até que comece a liberar o óleo que dá o sabor. Numa panela pequena junte o creme de leite, o leite e 100 g de amendoim. Aqueça até levantar fervura. Deixe em infusão por pelo menos 12 horas. Coe e tempere a infusão com sal e açúcar. O sabor deve ficar entre o doce e o salgado. Misture o restante do amendoim com um pouco de açúcar e leve ao forno quente, preaquecido a 180°C, até que fique ligeiramente dourado. Retire e coloque no multiprocessador na função pulsar para que fique ligeiramente batido. Numa frigideira, derreta a manteiga, junte o amendoim moído, as passas cortadas em pequenos pedaços e cozinhe até formar uma espécie de paçoquinha meio líquida. Tempere com açúcar e uma pitada sal. O sabor deve lembrar o de uma paçoquinha. Enrole cada lagostim em duas lâminas de chuchu. Tempere antes de fechar com sal e pimenta–do-reino. Cozinhe os lagostins no vapor apenas até mudarem de cor. No prato em que será servido, disponha a paçoquinha, acomode os lagostins por cima e finalize com a infusão de amendoim ligeiramente emulsionada. Finalize com uma pitada de flor de sal e sirva.

RAVIÓLI DE FILÉ CURADO E MARMELADA DE MAXIXE

PARA 8 PESSOAS

FILÉ CURADO

400 g de filé mignon fresco
Sal grosso moído

MARMALADA DE MAXIXE

10 maxixes orgânicos
1 berinjela orgânica
Azeite de oliva extra virgem
Farinha de trigo
Óleo de canola
Sal
Açúcar

CEBOLINHA CROUSTTILLANTE

4 cebolas orgânicas
1 xícara de azeite de oliva

FINALIZAÇÃO

Queijo parmigiano reggiano
Azeite de oliva extra virgem
Flor de sal
Pimenta-do-reino moída na hora
Sal

FILÉ CURADO

Corte o filé em fatias finas e coloque cada uma entre duas folhas de filme plástico. Bata com a ajuda de um batedor de carne liso até atingir lâminas finíssimas, quase transparentes. Tempere as fatias com algumas pedrinhas de sal grosso moído. Deixe curar na geladeira por pelo menos 8 horas. Depois desse tempo, retire o excesso de sal grosso e reserve.

PREPARO DA MARMELADA

Lave o maxixe e a berinjela, e seque bem. Corte o maxixe em fatias finas e grelhe muito rapidamente numa frigideira quente com um fio de azeite até que fiquem ligeiramente chamuscados. Corte a berinjela em fatias grossas e passe ligeiramente na farinha de trigo, retirando todo o excesso. Frite no óleo de canola quente até que fiquem douradas. Escorra bem e seque em papel-toalha.

Retire somente o miolo da berinjela e bata com a ponta da faca para que fique como uma pasta pedaçuda. Faça o mesmo com o maxixe. Deixe as misturas escorrendo em uma peneira por 30 minutos para retirar qualquer excesso de gordura. Misture os dois e coloque em um vidro com tampa que resista a altas temperaturas.

Coloque o vidro fechado imerso em uma panela com água fervente e cozinhe por cerca de 2 horas em fogo muito baixo. Esse processo incentivará a liberação do açúcar concentrado no maxixe, e a berinjela terá o papel de espessante natural na marmelada. Retire e deixe descansar por pelo menos 2 horas em temperatura ambiente. Se necessário, corrija o açúcar.

CEBOLINHA CROUSTILLANTE

Coloque todo o azeite em uma panela pequena, acrescente a cebola com o azeite ainda frio e só então aqueça. Doure a cebola nessa imersão mexendo sempre com a ajuda de um garfo para não grudar, até que fique bem crocante e dourada. Retire e coloque a cebola imediatamente em uma peneira para escorrer. Separe bem com a ajuda de um garfo para que não fique grudada. Transfira para um papel-toalha para que fique bem sequinha. Mantenha em um recipiente hermeticamente fechado.

MONTAGEM

Disponha um pouco de marmelada de maxixe no prato e cubra com as lâminas de filé curado formando uma espécie de raviólli. Acrescente a cebolinha croustillante e o parmigiano ralado bem fino. Salpique com algumas pedrinhas de flor de sal e um fio de azeite.

CORDEIRO DE LEITE ASSADO COM RAPADURA

PARA 8 PESSOAS

2 colheres (sopa) de manteiga
Azeite de oliva extra virgem
2 paletas de cordeiro com capa de gordura de aproximadamente 1,5 kg
Sal
Pimenta-do-reino moída na hora
300 g de manteiga sem sal gelada
30 g de rapadura
1 colher (café) de páprica picante
2 colheres (sopa) de tomilho desfolhado

Preaqueça o forno a 100°C.

Em uma panela grande, aqueça as 2 colheres de manteiga e 2 de azeite, e doure a paleta por todos os lados rapidamente, apenas para selar a carne.

Disponha as paletas em uma assadeira e tempere bem com sal e pimenta-do-reino. Corte metade da manteiga em cubos e coloque por cima da carne. Regue com azeite e cubra a assadeira com papel–alumínio, certificando-se de que fique bem fechada. Dessa maneira, o vapor ficará preso na parte interna e circulará por igual, mantendo a carne úmida durante o tempo de cozimento e evitando a perda de unidade e volume. Asse por mais ou menos 8 horas, ou um pouco mais, dependendo do tipo de carne, mantendo sempre a temperatura constante nos 100°C.

A cada hora, retire do forno, abra e retire o papel-alumínio com cuidado, pois o vapor estará todo concentrado na parte interna da assadeira. Vire totalmente a carne na assadeira e acrescente mais manteiga e azeite todas as vezes que perceber que a carne está ressecando. Feche novamente com cuidado para que o vapor fique preso. Coloque a rapadura numa panela pequena e derreta em fogo baixo. Quando estiver completamente derretida, misture 2 colheres (sopa) de azeite, a páprica, o tomilho e um pouco de água para criar uma pasta. Quando a carne estiver macia, retire o papel-alumínio e pincele essa pasta na parte da gordura, que deverá estar virada para cima. Leve novamente ao forno, sem cobrir, até dourar por completo.

80 g de manteiga sem sal
200 g de farinha de mandioca fina
Sal
4 bananas-d'água bem maduras
2 colheres (sopa) de vinagre de vinho branco
8 gemas de ovo caipira
100 g de amêndoas sem casca
20 ml de leite integral
80 ml de creme de leite fresco de baixa acidez
Uma pitada de açúcar refinado
Flor de sal

FAROFA DE OVO com BANANA PÓS MODERNA

PARA 8 PESSOAS

PRALINÊ DE FAROFA

Derreta toda manteiga numa frigideira. Adicione a farinha, misture bem e cozinhe em fogo baixo por pelo menos 15 minutos para torrar ligeiramente a farinha. Tempere com sal. Deve ficar com a textura de areia molhada.

BANANA D'ÁGUA

Cozinha a banana com a casca em água fervente por 3 minutos, ou até que fique macia. Retire a casca e passe rapidamente a polpa por uma peneira de plástico a fim de obter um creme leve. Reserve.

GEMA POCHÉ

Numa panela pequena, coloque 500 ml de água e acrescente o vinagre. Cozinhe as gemas nessa água por aproximadamente 1 minuto, ou até criar uma película de proteção na parte externa, mantendo o interior mole.

INFUSÃO DE AMÊNDOAS

Corte as amêndoas em lâminas e passe rapidamente na frigideira quente para liberar a gordura que dará sabor a infusão. Acrescente o leite e o creme de leite e deixe em infusão por pelo menos 2 horas. Coe e tempere com sal e uma pitada de açúcar, o tempero deve ficar entre o salgado e o doce.

FINALIZAÇÃO

No centro do prato coloque a pralinê de farofa quente e disponha a banana e a gema por cima. Emulsione a infusão de amêndoa com a ajuda de um processador e cubra toda a superfície. Salpique com flor de sal e sirva.

CANELONE DE MAÇÃ E FARINHA DE PISTACHE

MASSA

4 maçãs fuji descascadas
3 colheres (sopa) de manteiga sem sal
3 colheres (sopa) de açúcar
½ colher (chá) de canela em pó
½ fava de baunilha
8 folhas de brick ou harumaki
30 g de pistache sem casca
50 g de manteiga sem sal derretida
Sal marinho
Açúcar refinado

TOFFEE

300 ml de creme de leite fresco
100 g de açúcar
3 colheres (sopa) de água

PARA 8 PESSOAS

TOFFEE

Faça primeiro o toffee: aqueça o creme de leite fresco. Coloque o açúcar e a água em uma panela e leve ao fogo até adquirir cor de caramelo. Acrescente aos poucos o creme de leite e cozinhe em fogo baixo até atingir uma consistência cremosa.

MASSA

Para o canelone, corte as maçãs em quatro pedaços e coloque-as numa assadeira. Acrescente a manteiga, o açúcar, a canela e a baunilha. Asse em forno preaquecido a 180°C, virando-as sempre para que não grudem, até que estejam macias e douradas. Se necessário, acrescente mais manteiga durante o cozimento. Corte em pequenos pedaços e reserve.

Recheie cada folha de massa brick ou harumaki com a maçã assada e feche como um canelone. Pincele com manteiga derretida nas pontas e por fora e asse em forno preaquecido a 180°C por 5 minutos ou até que fiquem bem dourados por todos os lados.

Processe o pistache no multiprocessador, na função pulsar, até atingir a consistência de uma farinha grossa. Acrescente 1 colher (sopa) rasa de manteiga derretida. Tempere com uma pitada de sal e uma pitada de açúcar e misture bem.

Sirva o canelone quente com o toffee aquecido e a farinha de pistache.

No meu restaurante, proponho todos os dias ao meu cliente uma experiência do gosto que se traduz em diminuir a velocidade, eliminar os supérfluos, recuperar tradições e emocionalidade e ter uma relação mais profunda com os sentidos.

A reflexão faz parte do meu trabalho, aprofundar o olhar, a percepção, a pesquisa em cada ingrediente. Criar uma biblioteca precisa de sabores, texturas, temperaturas e sensações dentro da cabeça foi, desde o início, a única maneira que encontrei para estabelecer uma conexão segura entre a emoção e a criação.

aberta Sudbrack

Não escondo que nós (os chefs) somos um pouco temperamentais demais, um pouco vaidosos demais, um pouco ditadores demais, apegados às nossas receitas – afinal trocar batatinhas por saladinhas pode não ser tão inofensivo assim. Somos assim, o que fazer? Para compensar, digamos que, afinal, nossa obsessão é mexer com todos os sentidos das pessoas. Vivemos em busca do momento perfeito. Nossa vida é dedicada ao seu prazer. Trabalhamos muito para isso, no calor das temperaturas altíssimas dos nossos fogões, nas madrugadas agitadas, na pressão acima de qualquer limite, na adrenalina de um dia de trabalho, no cantar do pão quando sai do forno...

Cozinha é suor e lágrimas todos os dias. É batente pesado e chão para lavar e aprender. Sonhar, ambicionar uma carreira bem sucedida, é natural e desejável, mas é preciso saber que isso é uma construção diária. Tem que ralar – literalmente – muito.

A minha inspiração é o cotidiano, as velhas cozinheiras de fogões à lenha, as doceiras que manejam tachos de cobre com maestria...

COMER
COM ROBERTA É
ENVOLVER-SE EM MAGIA,
ARTIMANHAS E
SORRISOS

IGNÁCIO DE LOYOLA BRANDÃO

Como essa menina se tornou tudo isso, não tenho ideia. Nem sabia fritar ovo!

(perplexidades da avó Iracema Fontoura, hoje com 92 anos, cada vez que Roberta chega com um prêmio)

VOCÊ NÃO PODE ESCREVER SEM COMER A MINHA COMIDA

Certa vez, quando eu entrevistava Ruth Cardoso para a revista *Vogue*, ela me falou com admiração de Roberta Sudbrack, que tinha sido chef do Palácio do Planalto. Ruth adorava cozinhar. O editor Alexandre Dórea então me deu o livro *Uma chef, um palácio* (São Paulo: DBA, 2001), e vivi entre sonhos, querendo o creme leve de mandioquinha, o consommé de couve-flor e trufas-negras, o brie gratinado em leito de alho-porró crocante, o ragu de cogumelo. Leio livros de cozinha como se fossem romances. Quando pesquisava para escrever a biografia de Ruth – que foi a maior de todas as primeiras-damas da República –, combinei dois encontros com Roberta. Coisas daqui e de lá a fizeram desmarcar o encontro.

Um dia, na Livraria Cultura da Paulista, nós nos vimos frente a frente por dois minutos, ela voando para um compromisso, eu querendo a entrevista. Eu a coloquei no livro por meio dos depoimentos de José Gregori, que a adora e a indicou para o Planalto, e de Celso Lafer, que falou da revolução que ela fez em Brasília, numa cozinha comandada por taifeiros da Marinha, do Exército e da Aeronáutica. As coisas ficavam cada vez mais interessantes.

Finalmente, fui chamado para fazer um texto sobre ela. Várias vezes marcamos encontro, mas acabaram adiados, por mim, por ela, pelos dois. Quando isso acontece, sabemos que vai terminar bem. Então, uma tarde, ligeiramente ansioso, cheguei ao L'Hôtel, em São Paulo, e ela estava à minha espera no *lobby*. Subimos até um *lounge* silencioso, para o que deveria ser uma conversa rápida. E falamos por três horas e meia. Estaria eu pronto a escrever sobre ela? Claro que não!

– Você não pode escrever sem comer a minha comida - disse Roberta.

Mas é nosso destino marcarmos e desmarcarmos. Duas vezes. Até que, numa noite quente, cheguei ao restaurante Roberta Sudbrack, na avenida Lineu de Paula Machado, Jardim Botânico, Rio de Janeiro. Sentei-me com Márcia, minha mulher, porque não se deve comer só, e os pratos começaram a fluir e continuaram assim por três horas e meia.

ENTREGUE-SE DE CORPO E ALMA

Roberta tinha razão quando, antes de ter chegado o primeiro prato, recomendou:

– Não devem saber como foi feito. Apenas sintam.

Sentamo-nos. Não há cardápio. A cada noite é um menu-degustação, que varia segundo o que se "conseguiu" naquele dia. Esperar. Deixar o champanhe preparar a boca. Paulo, o maître, traz uma marmitinha de alumínio fechada. A própria Roberta abre e nos olha, sorrindo:

– Tiveram sorte. Hoje tinha. Ela mandou.

Dentro, havia como que duas hóstias com uma farofinha escura. De banana, ela comentou. Encantados, Márcia e eu olhávamos as duas preciosidades carregadas da memória afetiva araraquarense.

– Mandiopãs!

Espécie em extinção entre as comidas populares, delícias de infância. Cada um com sua hóstia de mandiopã, fomos trincando pequeninos pedaços, para que não terminasse. Brincadeiras de rua, café na casa da avó, lanche das tias, pão doce de coco, ruídos de patinete ou bolinha de gude nas pedras da calçada, cantigas de rua, *se esta rua, se esta rua fosse minha*, campainhas de bicicleta ao cair da tarde, bolos de milho, geleias multicoloridas, vendedores de biju (ou seria beiju?) com suas matracas, o *clec-clec-clec* do martelinho do quebra-queixo. Assim como o gênio da garrafa, tudo o que estava contido dentro desse mandiopã foi liberado.

Essa marmitinha é o que Roberta chama de agrado, que você recebe quando chega. Quer dizer, recebe quando aquela velha mineira de Itabirito manda. Certa vez, andando por Minas, nossa Sudbrack bateu em Itabirito e, entre outras coisas, descobriu essa senhora, que ainda faz mandiopã pelo processo tradicional e na maior perfeição. Mandiopãs verdadeiros, feitos à mão, abertos um a um. Nada desses "couros" industrializados, sem gosto, que eventualmente encontramos nos supermercados . Roberta quis filmar, a velha disse:

– Não, de jeito nenhum!

Um amigo mineiro, o Roninho, intercedeu, explicando quem era Roberta, uma chef, que a velhinha precisava conhecer. A mulher nem piscou os olhos:

– Não quero conhecer ninguém.

Roberta, uma mulher moderna que está num lugar que é puro passado. Assim, não se viu como se faz. Mas, desde então, há um acordo, e Roninho faz chegar mandiopãs de Itabirito ao Jardim Botânico. Primores.

Minutos se passaram, as borbulhas fizeram cócegas na boca, Márcia e eu em silêncio, na expectativa. Paulo voltou com uma pedra negra, retangular, e colocou-a no centro da mesa. Na pedra, seis minipães de queijo, e a fragrância (sei, é palavra para bons perfumes, está no lugar correto) nos avassalou. Conhecíamos aquele perfume, não era o queijo comum dos pães mineiros.

– Claro que não, são feitos com gruyère.

Muito quentes, a nos pelar os dedos. Eles foram sendo colhidos da pedra, lentamente. Ouviam-se apenas monossílabos, ou brevíssimos *hummmmmmmm*. O tempo tinha deixado de existir, nada importava senão aquele intervalo imensurável entre um prato e outro. Quantos pratos seriam? Contávamos os talheres alinhados à esquerda e à direita, facas e garfos de diferentes formatos, colheres estranhas, longas. Não, Roberta, não diga nada, deixe que as coisas cheguem, vamos provar, definir o sabor, tentar identificar ingredientes, sutilezas.

O jogo é esse. Desafio a paladares que fogem ao trivial, à rotina. O champanhe gelado destravava a língua, assuntos foram surgindo, coisas que Márcia e eu havia muito não dizíamos um ao outro, lembranças, instantes felizes, superações. Roberta é feiticeira, fada generosa.

Silenciosamente como saía e entrava, Paulo colocou outra pedra, agora com salame, cortado finamente como folhas de papel de seda, levemente aquecido, cheiro e gosto fortes. Salame artesanal do Rio Grande do Sul, uma produção que é só para ela, Roberta. Para comer com os dedos, beliscando. Assim, esta mulher se entrega parcimoniosamente. Beliscar, tomar um gole, conversar, esperar. Um detalhe: ela nos diz que essas são pedras curadas pelo tempo, pelo uso.

Em nossa volta, havia um casal a cada mesa. Acho que a esse restaurante do Jardim Botânico o ideal é vir não em grupos (não que os grupos não sejam bem-vindos, nada disso), mas em duplas que queiram se entregar a um desafio e, ao mesmo tempo, se entregar um ao outro.

Espere, pode ser diferente. Vir em grupo e trocar ideias, discutir sobre esse tempero, condimento, molho, especiaria, adivinhar esse aroma. E um gosto que conhecemos, mas não definimos? Porque esta chef, marota, disfarça – o que é pode não ser. Seria tal erva? Seria aquela outra? Mas, se fosse o que imaginamos, seria banal, tudo o que Roberta não é. Essa equipe que fica no andar de cima, na cozinha, tem a capacidade de truques e artimanhas. Ilusionistas transformam o banal; o trivial se sofistica. Prestidigitadores cheios de picardia. Quando liberam o primeiro prato, é como se dissessem: "Convido a descobrir o que é, por que é". O resto é conosco, e nosso medo é desiludir.

Paulo, devagar, faz a sequência. A louça. Sim, olhe a louça, esses pratos grandes, de formatos inesperados, surpreendentes, aparelhos que ela trouxe da Alemanha.

– Mas agora já podemos encontrar muita coisa aqui. – Depois, peremptória: – Na minha mesa não entram pratos quadrados. Não têm razão de ser, destoam, a comida se sente mal neles.

Agora, temos à frente uma cumbuca de madeira preta decorada, como se fosse restaurante japonês. Na verdade, são cuias feitas à mão por mulheres de Santarém. No fundo, ínfimos quadradinhos de um alaranjado intenso. Um milímetro por um milímetro. Arte da minúcia e da precisão. Usa-se a mão, nada de máquinas. Seria um tartare de abóbora? Agora, Márcia e eu ousamos dar opinião, nos integramos à atmosfera do lugar, que tem uma simplicidade espantosa. Mesas de madeira, porque comer só pode ser em mesa de madeira; é um dogma deste lugar, fé, crença, quase misticismo. Sim, é um tartare de abóbora marinada. E há amendoim? Não, é pistache! Nada disso, diz ela: é simplesmente semente de abóbora.

Conversamos, queríamos que amigos estivessem conosco, pessoas com quem compartilhar esses deleites. Aqui, sim, talvez se justificasse essa paranoia de fotografar e postar, neura moderna. Não, a foto seria estática, sem o perfume, sem a profundidade. Aqui se come em recolhimento, é coisa sagrada. A mesa, nosso altar.

– Bouillon de aspargos brancos – confessa Paulo, num tom breve, como se praticasse uma contravenção, como se não devesse cometer essa indiscrição. Caldo gelado, como se aspargo fosse algum líquido que escorre de planta. Sabor intenso. Com a colher, veio algo crocante, que, mastigado, faz *crec*. Açúcar cristal? Açúcar mascavo? Hipóteses, até a definição – rapadura.

Naquele momento, daquele bouillon, veio à memória um jantar em Paris, certa noite, quando em torno de uma mesa foram reunidos Luis Fernando Veríssimo e Lúcia; Affonso Romano de Sant'Anna e Marina Colasanti; a atriz Maria de Medeiros e seu marido Agustí Camps; Fernando Eichenberg; Márcia e Rita Gullo; e eu. Tinham acabado de chegar, fresquíssimos, os primeiros aspargos da primavera francesa, que foram regados com um tinto Savigny-lès-Beaune. Aqueles aspargos nos mantiveram por quatro horas ao redor de uma mesa no *boulevard* Saint-Germain, os ponteiros paralisados. Como não lembrar aquele relógio destruído do filme *Morangos Silvestres*, de Ingmar Bergmann?

Dois pequenos quiabos em pé, sustentados por camarões meio cozidos, como se fossem rochedos num lago branco. O quiabo, tão banal no quintal de Araraquara, comida barata, para ser misturado ao frango, à carne moída; receitas caseiras de longas tradições caipiras. Quiabo, aqui refeito. Muda-se do champanhe para um vinho branco, português, Frei João, buquê forte, gosto compacto, para acompanhar primeiro a sardinha assada com rapadura, sendo que o tomilho dá um breve perfume. Entra em cena o vermelho, peixe que se apresenta mergulhado num vinagrete de ora-pro-nobis. Tempero difícil de achar, os mineiros que o têm na horta não dão mudas, conservam avaramente. Apanho o miolo do pão, recolho o que restou do vinagrete. O pão umedece, denso.

O ora-pro-nóbis levou Márcia de volta ao instante de contentamento em que, em Tiradentes, tinha descoberto o arbusto no quintal de Eros Grau, escritor, poeta, ex-ministro e gourmet. Ela amassou a folhinha entre os dedos e cheirou. O ora-pro-nóbis me conduziu à matriz de minha terra, onde o *rogai por nós*, ou *orai por nós*, ressoava como um mantra na nave da igreja, repetida por centenas de fiéis, durante a ladainha de Nossa Senhora. Eu ficava perplexo com as dezenas de nominações de Maria, especialmente com *espelho de justiça, vaso espiritual, vaso honorífico, vaso insigne de devoção, arca da Aliança, estrela da manhã, refúgio dos pecadores, rainha dos patriarcas, rainha dos mártires, rainha concebida sem pecado original, rainha elevada ao Céu*. Mistérios.

O ravióli recheado com chantili de batata e bottarga será acompanhado por vinho tinto, um Château La Gatte 2008, Cabernet-Merlot. Basta deixar o ravióli sobre a língua, ele se desfaz. Devagar. Roberta é da teoria do *devagar*. Comer sem pressa, teoria contrária ao *fast food*, que é apenas a rapidez, que torna tudo plástico. Ali é o esperar, olhar, entreolhar-se, cúmplice, e perguntar: o que tenho aqui diante de mim? Buscar o talher e reiniciar, porque cada prato é um reinício, uma provocação. Aqui se faz um jogo entre as pessoas, uma brincadeira, sei o que é, você sabe. Cada prato nos conduz a um momento de nossas vidas.

Pelo vazio ao redor dos pratos, ausentes os talheres, percebemos que estamos chegando ao fim. O sorbet de figo roxo de Valinhos prepara o paladar para uma carne tenra. Último ato. O assado. Quem escreve conhece uma espécie de axioma: quando o final surpreende o leitor, a história foi bem sucedida. Roberta sabe disso, e essa carne de queixada, um porco selvagem, é tenra, esfiapa com o garfo, este qual um fuso de tear mineiro. O final surpreendeu e superou, sairemos felizes, porque felizes fomos durante três horas e meia. O Brasil nos foi colocado dentro do prato, desfilou pela mesa, do interior de São Paulo à rapadura do Nordeste, ao Rio Grande do Sul, a Minas, ao Rio de Janeiro.

Eu disse que o tempo foi esquecido. Nesse restaurante, não se olha o relógio. A mesa é sua pelo tempo que quiser, não há segunda rodada. Nessa peça teatral, não há segundo ato. Há o primeiro, infinito, fechado pelo café. Café de coador, brasileiro. Coador de pano, curtido pelo pó, como os das nossas mães, avós, tias, madrinhas.

MAS QUEM É ESSA MULHER? O QUE PENSA SOBRE COZINHA? QUE FILOSOFIA TEM?

Máximas (ou mínimas) de Roberta. Seu jeito, temperamento, ingredientes, maneira de ser e de usar, axiomas, normas, buscas, desafios, fantasias, imaginação, delírios.

SUBIR, CAIR

– Um cozinheiro que estuda sobe três degraus. Já o cozinheiro autodidata sobe três, cai dois, sobe dois, cai um.

SEQUÊNCIA CERTA

– Primeiro vem a execução, depois a criação. O grande erro dos cozinheiros é trocarem a sequência. Querem sair criando. A execução é o alicerce da casa. É preciso conhecer antes a base, ou a receita desmorona.

NERVOSA

– Sempre que vou cozinhar para alguém, fico nervosa. Já cozinhei dez vezes para Fernanda Montenegro, e toda vez acho que vou morrer. Sem esse frio na barriga, não dá, não funciona.

NOS PALÁCIOS, TRABALHÁVAMOS NOS PORÕES

– Um de meus garçons chegou todo feliz: onde vou falo da senhora, as pessoas conhecem, falam bem, fico muito orgulhoso.

– Pois fique, que deve ficar. Mas nunca perca de vista o chão. Na hora de sair do seu trabalho, você vai sair pela porta dos fundos, vai usar o banheiro dos empregados. Porque, apesar de tudo, somos serviçais. Sabe que nas cortes, nos palácios, os cozinheiros trabalhavam no porão? Muitos cozinheiros dos séculos XVIII e XIX morreram por causa do carvão. No Palácio da Alvorada, era no porão.

A HUMILDADE DO CHEF

– Ele é aquele que tem um ingrediente em mãos e se torna o instrumento que vai fazer esse ingrediente – um peixe, digamos – falar. Tem de saber que um dia ele fala de uma maneira e, no outro, de outro. O cozinheiro precisa saber interpretar. O bom cozinheiro sabe que quem tem de aparecer é o peixe, não ele, chef. Tem de ter humildade, estar um passo atrás do peixe, porque este, sim, é a estrela. O problema é quando o chef quer aparecer mais do que o peixe, impor sua marca. Aí... pode haver até uma imperfeiçãozinha, desde que ela leve a uma história de vida.

TEM DE TER A ALMA BOA

– O cozinheiro, se ele abrir mão desse pé na terra, se abrir mão e passar para a máquina, achando que ela faz tudo, está errado. Se ele não tiver uma alma boa e for mexer na comida, vai dar tudo errado.

QUEM TRABALHA COMIGO ME OBSERVA

– Quando dou aulas, é uma coisa, explico tintim por tintim. Mas quem trabalha comigo tem de me observar. Porque na cozinha não vou parar para explicar, faz assim, assim. A pessoa vai me olhar, ver meu gestos, a minha maneira de ser, e vai entender a minha cozinha. Saber que vou sempre no contrafluxo. Todo mundo está indo para um lado, estou indo para o outro.

VER A QUÍMICA ACONTECER

– Você pede a um cozinheiro que faça uma sauce béarnaise. Se ele não tiver a maquininha, não vai saber fazer. Porque as escolas, hoje, ensinam a apanhar a maquininha, colocar tudo lá dentro e ligar. Não sabem pegar uma panela, colocar água para ferver, colocar um recipiente em cima sem deixar esse recipiente tocar a água, para o ovo não talhar. Ficar ali o tempo exato, entrar com a manteiga derretida, vendo a química acontecer, controlar a temperatura, fazer o molho, saber fazer uma emulsão. Não, não sabe o que é isso.

QUASE PERFEITO. QUASE.

Os que trabalham com Roberta sabem de um mantra que ela repete:

– Estava quase perfeito.

Um novato perguntou:

– Ela nunca está satisfeita?

Responderam:

– Quando está, diz "Estava quase perfeito".

E o novato:

– E o perfeito?

– Ela nunca diz.

Por uma razão muito simples, explica Roberta:

– Porque, no dia em que acharem que encontraram a perfeição, vão estagnar e vamos parar de evoluir.

A perfeição pode conduzir ao relaxamento, ainda mais numa profissão em que logo se sobe no pedestal, em que logo se diz: "Eu sou".

– Veja, a nossa roupa, o nosso chapéu, se inspira nos cardeais. A gente se acha... Então, a perfeição é um risco.

FOGO, MÃO, INGREDIENTE

– Sou uma chata, sei disso. Mas não posso ver a comida indo por esse caminho. Não tenho máquina nenhuma na minha cozinha. Aqui dentro tem gente – mão e mente. Tem que pensar, ter técnica precisa. Quero que meus cozinheiros toquem, sintam, saibam. Na cozinha, precisamos de fogo, mão e bons ingredientes.

O QUE ESTOU COMENDO?

– A grande sensação agora é o *sous-vide*, o máximo da modernidade, ainda que não seja tão moderno assim. Qualquer cozinheiro novinho que coma alguma coisa muito macia, gostosa, acha que foi feito no *sous-vide*. O que é? Uma técnica desenvolvida para refeitórios e catering de avião, de hospital, de Exército. A comida está num saco plástico, é cozida em banho-maria com velocidade e temperatura controladas. A textura é ótima, ultramacia. Mas cadê a cor, a caramelização? Você pode comer carne, ou cartilagem, ou músculo – todos têm a mesma textura. Um pavor! Infestou o mundo! De cem restaurantes, setenta usam o *sous-vide*. Coloque uma carne assim na minha frente, sei na hora.

FIGURA ESSENCIAL: O ASSADOR

– Sei quando e por que ao assado faltou a alma, uma coisa sagrada. Faço todas as brincadeiras no meu menu, mas, quando chego ao prato principal, o assado, quero que a pessoa coloque o pé no chão, sinta a terra, coma no quintal. Na minha cozinha, existe ainda aquela figura do século XIX, ou das cortes, que é o assador. É aquele que chega mais cedo e vai cuidar da carne que escolhemos no dia anterior, vai tratá-la, colocá-la no forno. Ele faz o papel que a máquina faz. Rega, vira, controla tudo. Faz o assado como minha avó fazia. O assador vai trabalhar com a instável precisão de um forno, ajustando a temperatura a cada momento, para chegar a um resultado infinitamente superior ao de uma máquina. O assador é quem diz a hora que o assado entra, a hora que sai. Não o relógio, nem a programação. Meu forno veio da Itália, o único que encontrei, não porque era moderno – ao contrário, porque era antiquado. Um forno em que controlo o vapor na hora de fazer o pão. Nos fornos, hoje, você faz a programação eletrônica. Daqui a pouco, todo mundo vai cozinhar com máquina, com micro-ondas. O que tenho a meu favor? A humanidade que está dentro do forno e na carne e que se traduz naquela raspinha que fica no prato e na qual você passa o pão.

COZINHAR EM BAIXA TEMPERATURA, TAMPADO

– Nossas avós e bisavós usavam o sexto sentido. Seguiam os mesmos princípios, a química sempre foi a mesma, o cozimento de temperatura baixa, tampado. Quando você tampa, cria-se o vapor controlado ali dentro, e a perícia do assador é saber a hora de abrir, a hora de virar, porque o vapor vai cair, terá um tempo para voltar, isso pode fazer que o músculo se contraia... É uma ciência, com suas leis. Uma coisa linda de fazer.

COSTELINHA COM GOSTO DE COSTELINHA

– Não abro mão de nada, fazemos absolutamente tudo. O pão, a massa, o assado. Transmitimos para você a leveza, o sabor. Quantas vezes você não sabe o que está comendo? Neste momento, na cozinha, está sendo preparada uma costelinha de porco, que será assada em fogo baixo por doze horas. Vamos trabalhar em cima dela, mas não pode deixar de ser costelinha, ter o sabor de costelinha.

FOGÃOZINHO DAS TAPIOQUEIRAS

– Fui a Pernambuco, fiquei fascinada com um negócio, infelizmente não consegui trazer. Ainda vou ter um daqueles fogõezinhos em que as moças ficam fazendo tapioca ali na Sé. Um negócio de barro com furinhos em cima, onde se encaixam as panelas. E, embaixo tem uma abertura, onde você coloca a brasa. Só penso na hora de fazer um dos meus pratos em um daqueles fogõezinhos rústicos, simplórios. Sofisticados em sua extrema simplicidade. Lembre-se que a simplicidade vem carregada de enorme complexidade, você não pode deixar escapar um detalhe sequer.

POBRE QUIABO

– O quiabo, ah, o quiabo! Durante um ano trabalhei com quiabo, procurando modificar o conceito das pessoas. Porque havia horror a quiabo. Hoje, elas me ligam: "Estou indo, mas que tenha quiabo! Não gosto, tenho pavor do quiabo que minha mãe faz, mas o seu..." Dou chance ao quiabo, rejeito esta cozinha que o transforma em pó, em espuma. Meu quiabo tem outra leitura, é ousada, ele tem gosto. Fazemos no Brasil uma cozinha supermoderna, só que ela não pode se desconectar de certas coisas, do fogão a lenha, da panela de ferro, da panela de barro, desta afetividade que a culinária brasileira tem. Senão, ela perde o sentido.

QUANTOS ANOS TEM O MOINHO? SEI NÃO...

De repente, andando pelo Brasil, Roberta deu com a Mercearia Paraopeba, em Itabirito, Minas Gerais. Um armazém que vai passando de pai para filho há décadas, tocado hoje pelo Roninho, um homem absolutamente simples, mas antenado com o mundo e com nossas questões mais importantes. Preocupado com costumes, situações e comidas que estão se esvaindo, se acabando. Um homem mergulhado na sustentabilidade.

Roninho tem uma goiabada que come desde que o pai o ensinou a comê-la.

– É uma senhora que faz – ele conta –, e há clientes que vêm ao empório buscá-la, porque têm uma relação afetiva com essa goiabada. Posso comprar outra mais barata, mas não estarei sendo honesto com as lembranças de meus clientes. Aquela senhora parou de produzir, e fui atrás. "Estou cansada, meu filho. Além disso, não tenho dinheiro para comprar o açúcar." Pois prometi: "Vou trazer o açúcar e, se a senhora quiser, vou atrás da goiaba, porque o doce faz parte da vida de dona sicrana, de dona fulana, e não pode faltar".

Roberta revela:

– Foi lá que descobri dona Virgínia, e é dela que compro o fubá. Podia comprar polenta italiana, mas vou buscar em Itabirito. Dona Virgínia, que tem quase 90 anos, planta o milho no quintal dela, colhe de manhã, deixa secando, debulha sentada num banquinho, leva ao moinho movido a água. Aquele moinho é um tesouro. "Quanto anos tem o moinho, dona Virgínia?" "Sei não." "Como, mamãe?! Você disse que foi do tempo..." "Ninguém disse nada. Sei não!" Desse lugar é que vem o fubá, e a canjiquinha, e a farinha de milho, o mandiopã. Tudo de pequenos produtores. Roninho não está deixando essas coisas morrerem, ele é um herói brasileiro.

FILOSOFIA? BUSCAR A ESSÊNCIA

– Adoro a escola francesa, mas para mim a melhor é a italiana, não tem igual, até porque o mundo chacoalhou-se com essa coisa da cozinha molecular, mas a Itália, não. Ela se manteve fiel aos seus princípios: o tomate tem de ser o melhor, o azeite tem de ser prensado na casa de fulano de tal, a massa é feita por minha mãe. É uma cozinha que busca o mais importante, a essência, que pode estar num tomate, numa batata.

Nossa memória guarda milhões de informações. Uma delas – das mais simples, um virado de banana, uma farofa – pode reaparecer de alguma maneira no meu menu e tocar muita gente que tinha aquilo na casa da avó, da tia, da vizinha. Não gosto de falar em nova cozinha brasileira. Não é nova, é só a Moderna Cozinha Brasileira, porque não viramos todas as páginas, nem as rasgamos e escrevemos tudo de novo. Cada coisa nos inspira, torna-se referencial. Penso muito no meu avô, que adorava a raspa do arroz na panela, aquela que grudava e ficava. Minha avó fazia com perfeição. Nunca consegui. É a "imperfeição" que nos leva a viagens.

AUTOANÁLISE? SOU RÍGIDA, CHATA

– A cozinha é técnica e emoção. Ao mesmo tempo que sou muito emotiva, sou alemã. Meu avô paterno era alemão. Trabalhei com militares, sou rígida. Um amigo me define: não sou nem muito chata nem pouco chata. Sou justamente chata, nem para um lado nem para o outro.

MELHOR OU PIOR? NÃO SEI, É A MINHA

– Esta é a minha comida. Quando contrato um cozinheiro, advirto: "Não sei se minha cozinha é a melhor ou a pior. Mas é a minha. Ao entrar aqui, você deixa o que aprendeu para lá. Ao sair, pega de novo se quiser, se eu não tiver ensinado nada que preste. Só que aqui dentro fazemos a minha cozinha".

DISCIPLINADA

– Levo dias, semanas, para entender um molho, saber por que não dá certo. Se na vida minhas coisas, meus armários, são uma bagunça, na minha cozinha não há nem uma coisinha fora do lugar, não há margem para isso.

O CACHORRO-QUENTE DA MENINA COM OLHOS COR DE MEL

Ela é assim, agora. Mas como chegou a isso? Comecemos pelo cachorro-quente.

Em Brasília, muitos anos atrás, comentavam:

– Você já comeu o cachorro-quente do Canil Quente & Cia.?

– Canil Quente & Cia.? O que é?

– Aquele carrinho que fica na entrada da 102 Sul. Daquela menina com olhos cor de mel.

– Não! O que tem de especial?

– Tem de comer. Nunca vi molho igual. Eu como dois, três.

Mal sabiam que o cachorro-quente era apenas o começo.

MARKETING INSTINTIVO

– Quer ganhar um hot-dog? Vá até perto da universidade e estacione junto ao meu carrinho, o Canil Quente & Cia. Finja que é freguês.

Ela negociava assim com um amigo, com dois, com dez. As pessoas passavam, viam aquela fila de carros estacionados, desciam para olhar, acabavam por comprar um cachorro-quente. Ficavam seduzidas. Porque o pão a jovem mandava fazer segundo receita dela, a salsicha ela havia escolhido entre centenas que foram testadas, e o molho vinha das panelas da avó, com quem morava. No auge, Roberta Sudbrack vendia mais de trezentos cachorros-quentes por dia.

CUIDAR DA ALMA DE UM SANDUÍCHE

– Nasci em Porto Alegre, fui criada pelos meus avós, João e Iracema Fontoura. Meu avô era advogado, defendia causas como a dos índios e outros. Mudamos para Brasília quando eu tinha 8 anos; vovô achou que lá teria mais oportunidades. Fui criada como princesa; não queriam que me preocupasse com nada, eu nem podia ir ao banco pagar uma conta. Então meu avô morreu; eu tinha 17 anos e vi que precisava sustentar a mim e à minha avó. Na minha cabeça, eu sempre me via como uma dona de cantina gaúcha, aquela com toalha xadrez na mesa. Mas, apesar de preferir livro de culinária a gibi, nunca tinha entrado numa cozinha. Então me veio a ideia de vender cachorro-quente. Só que tenho princípios quando faço as coisas. A alma de um sanduíche é o quê? O pão. Comecei a enlouquecer o padeiro, até ele chegar ao pão que eu queria. Eu comprava a quantidade de pães que julgava necessária. Às vezes vendia tudo. Outras vezes sobrava. No dia seguinte, lá estava eu na padaria. E o padeiro: "Vendeu tudo?" "Sobraram vinte." "Então hoje são vinte a menos que você leva?" "Não. Não vou usar aqueles pães." "Besteira! Todo mundo faz assim, ninguém percebe que o pão é de ontem." "Eu percebo."

Tinha conexão com um pequeno frigorifico do interior do Rio Grande do Sul e quase enfartou o dono. Mas ele admirava a pertinácia daquela jovem que queria porque queria a salsicha do modo dela. Roberta ganhou a parada.

Ela saía de casa de madrugada, ia ao Ceasa de Brasília, escolhia os tomates, trazia, entregava à avó Iracema, que descascava, fazia o molho. Massa de tomate não passava perto. A batata-palha era feita em casa, chegava fresca e crocante ao consumidor, nada de saquinhos de supermercado, ou dessas enlatadas americanas, *Ruffles* ou coisas assim.

ME DÁ O CARRINHO, TE DOU O FREEZER

Bem no começo, viu que precisava de um carrinho. Foi a uma loja, viu o preço.

– Tanto assim?

– Fazer o quê?

Nesse momento, Roberta ouviu o telefonema que a mulher do dono do negócio dava para uma loja de departamentos, fazendo pesquisa para um freezer. Num piscar de olhos, teve um insight. Propôs ao dono:

– Compro um freezer a prestações em meu nome e te entrego. Você me dá o carrinho?

– No dia em que você trouxer o freezer, entrego o carrinho.

Ela fez um crediário em nem se lembra quantas vezes, a perder mesmo de vista. Levou o freezer, apanhou o carrinho. Era um de empurrar, depois trocado por um reboque.

– Tenho rigidez, só quero fazer o melhor. Eu não tinha noção dos detalhes, intuía tudo. Mas tenho uma coisa, uma rigidez extrema comigo mesma; preciso fazer sempre o melhor. Pensava assim: "Estou inventando esse negócio no meio da rua. E nesse carrinho as pessoas vão ver que há o melhor. Preciso fazer que elas entendam isso. Ter na cabeça que é neste carrinho que devem parar para comer um cachorro-quente". Eu não tinha o paladar evoluído como tenho hoje; minha preocupação era a simplicidade, o ponto de equilíbrio.

A VETERINÁRIA QUE NÃO DEU CERTO

– Amo bicho. Bicho saudável, amoroso, balançando o rabinho, o nariz geladinho encostando na pele da gente. Aí, quis fazer veterinária. Vendi muito cachorro-quente, tinha um dinheirinho economizado, fui para os Estados Unidos. Morei em Bethesda, pegado a Washington; frequentava amigos do Itamaraty, fiquei com eles. Tive de entrar na cozinha, o que eu não fazia em casa, deixava para minha avó. A primeira vez que fui manusear ingredientes, fiquei olhando e pensando: "Beleza, e agora, o que faço?". Comecei a pesquisar e decidi fazer curso de culinária. A maioria dos bons era na Europa, muito caros. Então eu mandava carta, pedia folhetos, informações, detalhes das aulas, e me ensinava sozinha. Aula de corte: o aluno fica três horas cortando legumes. Cortando os dedos. Aí, sem curso, eu fazia um laboratório solitário. Ficava horas e horas cortando legume, aprendendo a manusear a faca, a ter agilidade. Sozinha, determinada.

– Você pegava receitas, experimentava?

– Não. Aprendi que primeiro vem a execução, depois a criação. Mais tarde, comecei a ousar uns jantares entre amigos.

O JANTAR QUE MUDOU O CURSO DE UMA VIDA

O curso de veterinária nos Estados Unidos ficou esquecido – Roberta não levava o menor jeito. Dois anos e meio depois, voltou para Brasília. Fez traduções para sobreviver.

– Detestava, me davam dor de cabeça, uma trabalheira.

O laboratório solitário continuava, era obstinada. E cozinhava, aprendia. Evoluía, pesquisava. Lia, experimentava, criava, mudava. Fazia jantares para amigos, depois para amigos dos amigos, em seguida para pessoas que começaram a saber de sua fama emergente. Certo dia, chamada para fazer um jantar para o Secretário Nacional dos Direitos Humanos (depois ministro da Justiça) José Gregori, disse:

– O secretário quer fazer um jantar íntimo, pequeno, e falei de você. Deve fazer, você vem criando coisas muito interessantes.

Roberta foi para seu primeiro jantar. Ela se preparou toda, é exigente, levou a empregada junto.

– Nem era empregada, era a faxineira, mulher sensível.

Jantarzinho para dez pessoas. Estavam na cozinha quando Gregori entrou, afável, bonachão.

– Teremos mais dois convidados.

– Tudo bem!

Gregori se surpreendeu com a calma dela. Mas dez para doze não era mesmo muita diferença.

– Está bem, mas fique preparada: os seguranças do presidente virão, vão revistar tudo, até a cozinha.

– Presidente?

– Fernando Henrique Cardoso e dona Ruth.

Roberta não se lembra do cardápio, sabe apenas que foi chamada à sala, que FHC trocou três palavras gentis, mas que dona Ruth conversou com ela durante uma hora. A primeira-dama contou das dificuldades da cozinha do palácio, comandada pela burocracia oficial, pelos taifeiros da Marinha. Segundo Celso Lafer, que foi duas vezes ministro de FHC, taifeiro era acostumado a comida enlatada, porque marinheiro permanece semanas ou meses no mar.

Por exemplo, Ruth adorava alcachofra, e nunca entrou nem uma alcachofra no palácio. Em ocasiões especiais, um grande chef ia lá para cozinhar. Claude Troisgros, Laurent Suaudeau, Emmanuel Bassoleil, Salvatore Loi. Mas era só.

Um dia, o telefone tocou, era para fazer um jantar no palácio. Para uma personalidade que, por questões de segurança, não podiam ainda revelar. Eram quarenta convidados. Roberta preparou a sobremesa, já ia servir, o mordomo entrou, segurou-a:

– Ainda não! Espere!

Passaram-se minutos. Roberta queria servir de qualquer maneira. O mordomo voltou:

– Calma, te aviso!

– Vou perder o sorvete, está tudo desmontando!

– É que o comandante fala muito. Já tentei duas vezes tirar o prato da frente dele, e bateu na minha mão.

– Comandante? Quem está aí?

– Fidel Castro.

Passaram-se horas, e a sobremesa foi refeita várias vezes.

Ruth Cardoso acabou vencendo a burocracia, e Roberta foi chamada para chefiar a cozinha.

– Uma experiência grandiosa! Tudo era novo para mim e para eles. Os taifeiros foram meus cozinheiros, eu não podia mudar a organização, que era coisa de governo, mas eles entraram no ritmo. Formei uma equipe enxuta, aprendi com eles a disciplina, o comprometimento, a rigidez, e lhes ensinei o meu jeito. E ali estava Ruth, dando mão forte. Uma tarde, ela me confessou: "Meu sonho é ter aqui uma horta. E não consigo. Poder de primeira-dama tem limites..." "Com um quintal desse tamanho não é possível ter horta?!" "Veja se consegue." Apanhei os taifeiros e fomos para o terreno – e coloque terreno nisso. Cavamos, plantamos, levei dona Ruth para lá: "Aqui está sua horta!" Ela conseguia enganar o cerimonial e os seguranças, dava um trato pessoal nas verduras, tomates, quiabos, cheiros-verdes, salsinhas, pimenta, em tudo o que a fazia lembrar Araraquara. Eu tinha total liberdade e sempre fiz questão de fazer no dia a dia essa cozinha de que falo, a da afetividade. Argumentava com o presidente e com dona Ruth: "Sei que isto é o palácio, mas é a casa de vocês. Imagino que queiram comer um arroz com feijão bem-feito, ou um frango ensopado". Ela adorava frango ensopado com polenta, e ele, o picadinho de carne.

Um dia, Roberta chegou à cozinha e viu um coelho ser descongelado debaixo da torneira da pia:

– O que é isso?

– Coelho.

– E quem disse que hoje tem coelho no cardápio? É carne assada. Por que é que, toda segunda-feira, bato o cardápio com a primeira-dama?

– Ela ligou para cá, quer comer coelho.

– E onde acharam esse coelho?

– No congelador.

– Vai saber quanto tempo tem! Coelho congelado? Nem pensar.

Vinha um sargento, todo posudo:

– Se a primeira-dama quer coelho, vai ter coelho.

– Não vai ter, não.

Roberta ligava para cima, conseguia um minuto com a primeira-dama:

– Dona Ruth, não posso fazer coelho. O que tem aqui é congelado, me recuso. Se a senhora quiser, vou atrás de um, fresco, e amanhã faço.

Hoje, lembra:

– Ninguém teve coragem de me dizer nada, e achei que tinha de agir daquele jeito mesmo.

Hierarquias, hierarquias. Uma briga que durou bastante foi a maneira de servir. Ruth adorava fazer bufê. Já Roberta batalhava por levar as pessoas à mesa, onde seriam servidas. Escaramuças a que eu gostaria de ter assistido. Ruth parecia dócil, suave, mas era enérgica, firme. Dura, quando precisava. Roberta, como ela mesma diz, é rígida. No meio de tudo, a Marinha, o Exército e a Aeronáutica.

Quando ouvi isso, naquela tarde, na quietude do *lounge* do L'Hôtel, fiquei pensando no capítulo que faltou em meu livro *Ruth Cardoso: fragmentos de uma vida (São Paulo: Globo, 2010)*. Essa Ruth "pé no chão", tão brasileira, tão povo, que alcançou o mundo, mas que jamais perdeu a ligação com a terra. Ruth e Roberta dariam um livro sozinhas.

OVO PODE SER PROBLEMA

Às vezes, Roberta sentava com dona Ruth e chorava:

– Não sei mais o que fazer! Eles não entendem! Compram duzentos quilos de manteiga ruim e barata e dizem que não podem comprar dez quilos de manteiga boa.

Era o problema dos fornecedores oficiais, das licitações e Tribunais de Contas. Os cozinheiros não conseguiam fazer corretamente um ovo pochê. Tentavam, tentavam, não dava certo. Ela interveio, queria saber o que estava errado. Era a qualidade dos ovos, a maioria podres. Teve briga com um general. Não havia como resolver; a questão era o fornecedor, as licitações. Não adiantava argumentar que precisava trazer ovo bom. Roberta saía cedinho, ia para o supermercado de sua quadra, escolhia e comprava os ovos e levava para o palácio debaixo do braço. Esperava na porta o fornecedor oficial, mostrava o ovo bom, de boa qualidade:

– Está vendo? É isto que quero aqui. O seu não entra.

Foi uma queda de braço dura, levou tempo para Roberta vencer. De tão brava, ganhou o apelido de "General Seis-Estrelas".

– Foram anos muito bons, pelo tanto que aprendi. Queria mostrar o que eu chamava de diplomacia gastronômica, ou seja, mostrar a um chefe de Estado o Brasil dentro do prato. O presidente ajudava com astúcia a driblar o protocolo. O almoço oficial era no Itamaraty *(nota pessoal: almocei uma vez lá com o presidente do México; por mim, não voltarei)*, mas à noite FHC levava o convidado para jantar no palácio. Aí tudo mudava, e entrava o Brasil.

POR QUE O RIO? PORQUE SIM

Terminado o segundo mandato de FHC, Roberta tinha em mãos propostas de todos os lados para abrir um restaurante próprio. Não seria necessário mover uma palha, teria as estruturas prontas. São Paulo acenava. Em 2005, ela escolheu o Rio. Por quê?, perguntou o cineasta e amigo Walter Moreira Salles. São Paulo, terra do dinheiro, tinha grandes restaurantes e chefs, com a cultura do bem comer.

– Ninguém tinha me acenado com o Rio. Aqui era mais difícil, uma cultura diferente, uma relação diferenciada com restaurantes. Era uma ousadia e um desafio. Imaginem: montar um restaurante que na época seria o único do Brasil a ter uma única opção de menu. Você ir sem saber o que vai comer! A pessoa faz a reserva, pergunta, não dizemos nem amarrados o que vai haver. Loucura, diziam. No começo, as pessoas chegavam e diziam: "Seu restaurante é maravilhoso, pena que não vai dar certo. Se fosse em São Paulo... Mas no Rio..." Começar do zero para mostrar uma nova possibilidade, uma nova expressão. Mudar as cabeças. Cada dia é uma luta, cada ano uma batalha. Não foi fácil, mas soltemos fogos: estamos aqui há oito anos.

NINGUÉM DIZ O QUE QUERO COMER

A princípio, o menu único gerou desconfortos.

– Quero escolher.

– Não pode, é cardápio único.

– Ninguém me diz o que vou ou não vou comer.

– Estou dizendo: a norma é essa.

– Quer determinar o que vou comer?

– Não. Estou sendo honesta. Serve-se esse cardápio único, tudo com coisa fresca.

Não fosse um funcionário marombado do escritório, o homem teria agredido Roberta. Saiu furioso.

– Se você não come carne, vai ter outra coisa. Se quiser o menu de nove pratos, posso preparar um especial para você, mas em função do que tenho na casa, fresco, daquele dia. Ah, entrou cambuquira, vamos fazer. Como é difícil cambuquira hoje em dia!... Não tem cherne, mas tem robalo. Não posso prometer pargo todos os dias, porque tem dia que o pescador não pega pargo. Jamais vou oferecer pargo congelado. Aliás, levei um susto em Fernando do Noronha. Passei dez dias lá, maravilha, me encantei, mas saí furiosa: os cozinheiros não tinham peixe fresco. O peixe servido vem de Natal. Porque nem todo dia os pescadores vão ao mar, nem todo dia conseguem peixe suficiente, e aí pescam só para eles mesmos. Assim, ficam sem entregar dias e dias, e é preciso ter o que servir. Servem o congelado, que vão buscar em Natal. Ninguém fica mais feliz do que eu com um bom ingrediente fresco nas mãos. Fico feliz com o que o mar me dá, com o que a natureza me oferta. Posso trabalhar de várias maneiras, variar, abrir novas possibilidades.

A PRECIOSA CAMBUQUIRA

Há um feirante que, sabe-se lá como, sempre conseguia cambuquira para Roberta. Um dia, alguém de sua equipe foi no lugar dela, o feirante entregou a cambuquira, mas o funcionário disse: "Hoje, não, não é dia". Logo depois Roberta ficou sabendo, correu atrás do homem: "E a minha cambuquira?" "Agora não dá mais, murchou, perdeu o frescor." "Mas quero pagar, meu funcionário errou." "Nada disso." "Vou pagar. E viremos buscar a cambuquira todos os dias. Ela é nossa, o senhor guarda para nós todos os dias, com carinho, com cuidado. Devemos pagar mesmo quando não precisamos."

UMA HISTÓRIA POR TRÁS

– Todo restaurante tem seu comprador, menos o meu. Quem vai à feira são meus cozinheiros. Trabalhar comigo dá muito trabalho, sou chata, rígida. Não meço esforços para chegar ao melhor resultado, fico em cima, estou na cozinha todo dia, toda hora. Digo ao meu pessoal: "Essa parte não é fácil para vocês, mas é um prazer que ninguém me tira". Eles sabem que as coisas não começam na hora em que você coloca na frigideira ou na grelha; há toda uma trajetória, longa, uma história escrita anteriormente: como o peixe foi pescado, trazido, como se lidou com ele quando chegou. Minha cozinha começa às cinco da manhã, para ir à feira, escolher o tomate, vir, trabalhar com ele. Dá trabalho trabalhar comigo, mas é divertido.

... Tempos atrás, encontrei uma senhora que me pediu: "Posso pegar na sua mão? Gosto tanto de você. Sei que sua avó se chama Iracema, seus cachorros são Frederico e Theodoro, você vendeu cachorro-quente nas ruas de Brasília. Você é uma batalhadora. Pena, me desculpe, nunca vou poder ir ao seu restaurante, mas eu te admiro".

Aquilo ficou na cabeça de Roberta, que sabe que o restaurante é pequeno, para apenas quarenta pessoas, e que ela nunca vai aumentá-lo. É caro, ela usa as melhores coisas, e isso não tem preço. Como chegar a outros? Foi então que teve a ideia da Terça Básica. Nesse dia da semana, tem um menu baratinho com ingredientes garimpados naquele dia, mais em conta. A conta não fecha, mas a satisfação é imensa.

– A princípio seria para estudantes, mas então surgiu aquela mulher, "Posso pegar na sua mão?", vi que havia uma clientela maior. O jantar dessa noite é mais acessível, com o que há de melhor, como todos os dias.

COZINHA DE TODOS OS SANTOS

Quando Márcia e eu terminamos o jantar, fomos até a cozinha. Jovens por todos os lados. Sorrisos amplos, abraços. Aqueles jovens quase perfeitos tinham dado duro por horas, não pareciam cansados e me levaram logo ao altar. São dezenas de santos, artesanato mineiro, nordestino. Perguntei de Santo Antônio, lá está. De São José – meu padroeiro –, lá está também. Assim como São Benedito e como São Judas Tadeu, padroeiro das causas impossíveis. E há pratos aqui que, para mim, são mesmo impossíveis, mas essa gente sorridente os enviou à nossa mesa, tocaram fundo.

Esses santos... eles abençoaram cada prato que daqui saiu, ainda que eu ache que abençoaram mais os meus.

BUSCAR O QUE ESTÁ PERDIDO EM CADA UM

Fiquei em silêncio. Márcia me perguntou:

– O que está pensando?

Contei da conversa que tivemos, Roberta e eu, no hotel em São Paulo. Agora entendo do que a chef falava quando me disse:

– No fundo, todo cozinheiro está buscando te tocar de alguma maneira com algo que já é teu, vem contigo. Muitas vezes, é uma coisa que está perdida no fundo de você e que, nesse instante, a comida te faz recuperar. Nem todos conseguem. Mas a gente tem a pretensão de achar que vai conseguir todas as noites; e, muitas vezes, consegue. Trabalhamos com emoções. Quando desço ao salão, a pessoa pode estar me amando ou me odiando. As duas possibilidades servem para mim. Crucial, dolorido, é se não a fiz me amar nem me odiar. Machuca quando ouço só um “Tudo bem!”. Não mexi, não provoquei sensações.

Roberta,
Acabei de
pensar
que valeria
até ter
vindo a
pé.
Beijo
Cassiano

CONSOMMÉ DE CHOCOLATE AMARGO, PELE DE LEITE E RAPADURA

PARA 8 PESSOAS

PELE DE RAPADURA

30 g de manteiga
100 g de rapadura moída
50 g de clara de ovo
30 g de farinha de trigo

Derreta a manteiga com a rapadura, adicione rapidamente a clara e a farinha e mexa vigorosamente. Passe por uma peneira e deixe repousar por pelo menos 24 horas. Com a ajuda de uma espátula e um molde redondo vazado, adicione uma fina camada de massa sobre uma placa de silicone (silpat). Asse em forno preaquecido a 180°C até ficar moreninho. Retire do silpat e coloque em um recipiente hermeticamente fechado.

GANACHE

120 g de creme de leite
200 g de chocolate amargo cortado em pedaços

Aqueça o creme de leite em uma panela, retire do fogo e acrescente o chocolate em pedaços, sem mexer. Deixe o chocolate derreter completamente e misture bem. Reserve em temperatura ambiente.

PELE DE LEITE

100 ml de nata fresca
(ou creme de leite fresco grosso)
Folhas de plástico grosso

Estique a nata entre duas folhas de plástico grossas, numa espessura de aproximadamente 2 mm. Leve ao freezer por 2 horas. Depois desse tempo, corte em círculos do tamanho da casquinha de rapadura.

FINALIZAÇÃO

100 g de quinoa
200 ml de óleo de canola
Flor de sal
Açúcar refinado
Açúcar de confeiteiro impalpável

Coloque a quinoa em uma panela, cubra com água fria e leve ao fogo para cozinhar até que os grãos estejam al dente. Escorra e coloque em uma peneira para que fiquem bem secos.

Aqueça o óleo em uma panela e frite a quinoa até dourar, escorra bem e coloque em um papel-toalha para retirar o excesso de gordura. Tempere com açúcar e flor de sal. O gosto deve ficar entre o salgado e o doce. O contraste de sabores deve ser marcante.Coloque a ganache de chocolate no fundo do prato, cubra com a pele de leite e a casquinha de rapadura. Espalhe a quinoa frita por cima e polvilhe com o açúcar de confeiteiro. Aguarde uns 2 minutos antes de servir, para que a pele de leite derreta ligeiramente.

TORTINHA DE PERA E TAPIOCA

PARA 8 PESSOAS

TOFFEE

300 ml de creme de leite fresco
100 g de açúcar
3 colheres (sopa) de água

Faça primeiro o toffee: aqueça o creme de leite fresco. Coloque o açúcar e a água em uma panela e leve ao fogo até adquirir cor de caramelo. Acrescente aos poucos o creme de leite e cozinhe em fogo moderado até atingir uma consistência cremosa.

MASSA

6 peras bem firmes
Manteiga sem sal
Açúcar de confeiteiro
200 g de massa filo
Manteiga derretida
500 ml de óleo de canola
100 g de tapioca de caroço
Açúcar
Canela em pó

Para as tortinhas, descasque as peras e corte em fatias finas. Aqueça uma frigideira antiaderente, acrescente um pouco de manteiga sem sal e salteie as fatias de pera rapidamente. Polvilhe com açúcar de confeiteiro e doure ligeiramente. Deixe esfriar em uma peneira para eliminar o excesso de umidade.

Corte as folhas de massa filo em quadrados de 20 x 20 cm. Pincele cada um dos quadrados de massa filo com manteiga derretida. Disponha um por cima do outro e recheie com a pera. Feche como um envelope. Repita esse processo com os outros quadrados de massa e o restante da pera. Pincele com manteiga derretida por fora e leve ao forno quente, preaquecido, até ficarem bem douradas e crocantes. Aqueça o óleo de canola e frite rapidamente a tapioca. Assim que subir à superfície, retire com a ajuda de uma escumadeira. O processo é extremamente rápido. Coloque a tapioca frita em papel-toalha para eliminar qualquer excesso de gordura. Retire quando estiver bem sequinha e tempere com açúcar e canela.

Polvilhe a tortinha com açúcar de confeiteiro assim que retirar do forno. Sirva com o toffee quente e a tapioca frita.

MER

Corte os morangos em quatro pedaços. Em uma panela, derreta a manteiga, adicione os morangos e cozinhe por 2 minutos. Acrescente 2 colheres de açúcar de confeiteiro, as raspas de laranja e deixe cozinhar por mais 2 minutos.

Bata o creme de leite fresco em chantili. Retire as sementes da fruta-do-conde e coloque no liquidificador na função pulsar até que se desprendam da polpa. Passe por uma peneira e incorpore o chantili aos poucos, até obter uma mistura leve.

Corte a massa harumaki em discos do tamanho da boca dos copos. Passe manteiga derretida dos dois lados e doure na frigideira até ficar bem crocante. Polvilhe um lado com açúcar de confeiteiro.

MONTAGEM

Disponha um pouco da fruta-do-conde no fundo dos copos. Por cima, coloque um pouco da compota de morango e cubra com os discos crocantes polvilhados com açúcar de confeiteiro.

Mergulhe!

GULHO

PARA 8
PESSOAS

2 xícaras de morangos lavados
2 colheres (sopa) de manteiga sem sal
4 colheres (sopa) de açúcar de confeiteiro
Raspas de laranja
20 ml de creme de leite fresco gelado
3 frutas-do-conde
8 folhas de massa harumaki (para rolinho primavera)
2 colheres (sopa) de manteiga sem sal derretida
8 copos de martíni para servir

AMO A SUTILEZA DOS DETALHES E

DE TRANSFORMAR O SIMPLES EM

SEM, ACIMA DE TUDO, DEIXAR

Às vezes sirvo no restaurante um amuse-bouche extremamente simples, que eu particularmente adoro: um pequeno tomate orgânico do tamanho de uma azeitona gorda, cortado ao meio. Espetamos cada metade em um pequeno garfo e salpicamos cada uma com algumas pedrinhas de flor de sal, açúcar orgânico e pimenta do reino moída na hora. Acomodamos cada um em seu prato e regamos com o mais puro azeite de oliva disponível. Finalmente, acomodamos em cada um, uma fatia extremamente fina e recém tirada de parmiggiano reggiano e uma folhinha fresquíssima de basílico. E assim, simplesmente assim, eles seguem seu destino até a mesa.

Normalmente esse prato é o que chamamos de "surpresinha" da chef. Não está no menu, aparece de uma hora para outra, entre um prato e outro sem ser esperado. O maître não explica, apenas diz que se chama "tomatinho no garfo". É um prato complexo. Extremamente difícil de ser compreendido, na minha opinião. Por isso não sirvo sempre, apenas quando meu instinto me diz que determinado cliente está ali entregue e pronto para mergulhar profundamente nas nuances da simplicidade que oferecemos.

O DESAFIO

SUBLIME

DE SER SIMPLES.

Um dia, depois de um jantar de 12 pratos, alguém me disse que jamais esqueceria o tomatinho no garfo... Depois disso, para mim o mundo se divide entre os que compreendem o tomatinho no garfo e os que não compreendem.

CEVICHE DE LAGOSTA MARINADA E CAVIAR VEGETAL

PARA 8 PESSOAS

Azeite de oliva extra virgem
Carcaça de lagosta bem fresca
4 tomates bem vermelhos e maduros
4 colheres (sopa) de tomate pelati
2 cebolas
2 cenouras
2 alhos-porós
2 talos de salsão
1 lagosta de 1,5 kg bem fresca
1 colher (sopa) de vinagre de vinho branco
2 minicebolas cruas cortadas em fatias finas
8 quiabos sem pele e sem sementes
1 tomate bem vermelho e firme
Pimenta-do-reino moída na hora
Flor de sal
Sal
Açúcar

CONCENTRADO DE LAGOSTA

Em uma panela, acrescente um pouco de azeite e refogue a carcaça de lagosta cortada em pedaços até que esteja bem vermelha e comece a formar um fundo avermelhado na panela. Juntes os tomates maduros e o pelado e os legumes cortados em pequenos pedaços. Refogue por alguns minutos e cubra com água fria filtrada. Deixe-a reduzir em fogo alto até que esteja com 1/3 do volume inicial. Coe e reduza mais um pouco até que fique com a textura bem cremosa. Tempere com sal, pimenta-do-reino e uma pitada de açúcar.

LAGOSTA MARINADA

Cozinhe a lagosta inteira em água fervente rapidamente, por aproximadamente 4 minutos – o interior deve permanecer bem cru. Retire da água e coloque em um banho de água e gelo para interromper o cozimento. Escorra e seque bem.

Prepare a marinada: misture o azeite com o vinagre e as minicebolas. Tempere a mistura com um pouco de sal, açúcar e pimenta-do-reino. Coloque a lagosta nessa marinada e deixe por pelo menos 6 horas.

CAVIAR VEGETAL

Grelhe os quiabos em uma frigideira quente ou numa grelha com um fio de azeite, até ficarem ligeiramente chamuscados. Para fazer os filés de quiabo, abra-os ao meio no sentido do comprimento e retire todas as sementes e fibras, com cuidado para não danificar as sementes. Separe as sementes descartando as cartilagens. Reserve a pele do quiabo. Tempere as sementes com sal, azeite e açúcar e deixe descansar por algumas horas.

FINALIZAÇÃO

Corte a pele do quiabo e o tomate em pequenos cubos. Corte a lagosta em fatias finas. Disponha o concentrado de lagosta e os cubinhos de tomate e de quiabo no fundo dos pratos. Acrescente a lagosta e o caviar vegetal. Regue com um fio de azeite e polvilhe com flor de sal.

ASPARGO BRANCO EM CARAMELO PICANTE

PARA 8 PESSOAS

8 aspargos brancos frescos
100 g de pão de fermentação natural (levain) de pelo menos 2 dias
50 g de amêndoas sem pele
100 g de manteiga sem sal
2 g de pimenta calabresa
25 g de açúcar
Sal
Brotos frescos diversos: beterraba, coentro, flor de cenoura, basílico roxo, flor de anis, etc.
Flor de sal

Limpe os aspargos retirando delicadamente a pele. Corte o pão em pequenos cubos e as amêndoas em lascas finas.

Derreta a manteiga, espere até ficar bem quente e acrescente o pão, as amêndoas e o açúcar. Frite delicadamente os cubinhos de pão e as amêndoas até ficarem bem crocantes e dourados. Retire do fogo, escorra o pão e as amêndoas em uma peneira e reserve a manteiga. Coloque o pão e as amêndoas fritas no multiprocessador, acrescente um pouco de manteiga e bata até formar uma espécie de pasta líquida. Acrescente a pimenta calabresa e uma pitada de sal e bata novamente. Passe em uma peneira fina para atingir a consistência de um caramelo e reserve em banho-maria.

Cozinhe os aspargos em água fervente com sal até ficarem al dente. Coloque-os em pratos aquecidos. Disponha o caramelo por cima dos aspargos e enfeite com os brotos frescos. Finalize com flor de sal e sirva.

CONSOMMÉ DE CLEMENTINA E COGUMELOS CRUS

PARA 8 PESSOAS

100 g de rapadura
6 clementinas maduras
200 g de cogumelos frescos variados (shimeji, shitake, cardoncello, portobello, etc.)
100 g de queijo parmigiano reggiano
3 g de flor de sal
Azeite de oliva extra virgem de baixa acidez
Broto de beterraba (folha média)

Bata a rapadura no multiprocessador até ficar como uma farinha. Passe por uma peneira para ficar ainda mais fina. Reserve.

Descasque as clementinas e esprema para retirar o líquido. É importante retirar a casca para não deixar resquício de acidez. Mantenha gelado.

Limpe os cogumelos com papel-toalha úmido. Não lave. Corte em fatias finas. Quanto mais finas as fatias, mais marcante o sabor. Rale o parmigiano num ralador muito fino, tipo microplane, apenas na hora de servir. Misture a farinha de rapadura com a flor de sal.

FINALIZAÇÃO

Disponha um pouco do líquido das clementinas (base do consommé) no fundo dos pratos. Acomode uma pequena quantidade de cogumelos de modo que nem todos estejam em contato com o consommé. Adicione um pouco da farinha de rapadura com flor de sal. Regue ligeiramente com azeite e acrescente o parmigiano. Por último, acomode o broto de beterraba e sirva.

Como a maior parte dos processos da minha cozinha é feito à mão e sempre gostei de unir os conceitos da moda com a gastronomia – gosto de lançar anualmente Coleções Culinárias –, costumo dizer que o que fazemos no RS é uma cozinha de alfaiate. E a cozinha de alfaiate, para mim, é aquela que faz florescer uma culinária das mãos, do fogo, do tempo e do prazer, com um estilo próprio, sem deixar de fora o simbólico, os elementos lúdicos que mexem com todos os sentidos e nos vinculam às nossas emoções.

Nossa cozinha segue o ritmo das estações e exalta de forma moderna os sabores dos ingredientes brasileiros, valorizando a sociabilidade com uma comida ritualizada e preparada com minúcia técnica. Propomos um convite à entrega e uma aliança entre inovação e tradição. Propomos jantares para serem degustados sem pressa e queremos transmitir uma ideia de acolhimento. Nada é mais importante para nós do que a emoção que buscamos despertar diariamente nas pessoas, através do nosso ofício.

CAMARÃO COM CHUCHU

INTERPRETAÇÃO DO CLÁSSICO CARIOCA

4 chuchus orgânicos
½ kg de camarão cinza
Sal
Uma pitada de açúcar
Pimenta-do-reino moída na hora
Azeite de oliva extra virgem
2 tomates
Farinha de trigo
Óleo de canola
Manteiga sem sal
1 talo de alho-poró
1 cenoura
1 talo de aipo
1 cebola
½ litro de vinho branco seco
Flor de sal

PARA 8 PESSOAS

Cozinhe o chuchu em água fervente até ficar al dente. Fatie em lâminas finas.

Descasque os camarões, lave e reserve as cascas. Cozinhe o camarão em água fervente por alguns segundos, apenas até mudarem de cor. Retire os camarões da água fervente e coloque imediatamente em um recipiente com água e gelo para interromper o cozimento e manter a cor e a textura.

Fatie os camarões com a ajuda de uma faca afiada ou em uma máquina de cortar frios, no sentido do comprimento, em lâminas muito finas. Disponha as lâminas bem esticadas em uma folha de papel-manteiga e tempere com sal, açúcar, pimenta-do-reino moída na hora e um fio de azeite. Disponha um pouco do camarão fatiado em cada lâmina de chuchu e feche com outra do mesmo tamanho. Mantenha gelado.

Lave os tomates e retire a pele com cuidado com a ajuda de um descascador de legumes, tentando fazer tiras compridas. Reserve os tomates sem pele. Seque bem as tiras e passe rapidamente na farinha de trigo. Frite em óleo quente até ficarem bem crocantes. Transfira para uma folha de papel-toalha para retirar todo o excesso de óleo e mantenha em um recipiente hermeticamente fechado. Caso amoleçam, aqueça em forno bem baixo por alguns minutos e elas voltarão a ficar crocantes.

Lave as cascas do camarão e seque bem. Em uma panela, aqueça um pouco de manteiga e doure as cascas, o alho-poró, a cenoura, o aipo, a cebola e os tomates sem pele cortados em pequenos pedaços por alguns minutos. Acrescente o vinho branco. Deixe o vinho reduzir e acrescente 1 litro de água filtrada. Cozinhe em fogo médio por 30 minutos. Coe e reserve. Se necessário, reduza um pouco mais até adquirir um molho mais espesso. Tempere com sal e pimenta-do-reino.

Sirva as lâminas de chuchu e camarão bem geladas e o molho bem quente, para criar um contraste de temperatura. Finalize com uma pitada de flor de sal e as tiras de casca de tomate fritas.

QUANDO JANTEI PELA PRIMEIRA VEZ NA ROBERTA SUDBRACK ...

... ela estava apresentando um novo cardápio. Tudo parecia perfeito, exceto por uma ameaça que me espiava, sorrateira, entre o aspargo e a costeleta: um quiabo. Expliquei com jeitinho que quiabos e eu éramos incompatíveis, e que eu preferia pular aquela etapa. Roberta foi firme:

"Experimenta. Se não gostar, não precisa comer."

Parece simples. Qualquer pessoa que odeia quiabo sabe, porém, que experimentar, justamente, é que são elas: aquele gosto, aquela consistência... argh! Mas como explicar isso a uma chef apaixonada pelos ingredientes da sua cozinha? Pensei em Rimbaud, que nunca me pareceu tão adequado – *par délicatesse j'ai perdu ma vie*[1] –, e, quando o quiabo chegou, encarei o sacrifício.

E... estava ótimo! Não parecia quiabo, não tinha consistência de quiabo. Era um vegetalzinho amável e crocante, que eu comeria quantas vezes fosse preciso.

A partir daí, nunca mais duvidei do critério da Roberta. Se ela diz que é bom, é bom, e não se fala mais no assunto. Ela tem uma curiosidade gastronômica quase malsã, aliada a um profundo respeito pelas nossas raízes culinárias. Traz para a mesa sabores novos, usa ingredientes bem conhecidos de formas inesperadas, mistura elementos que nunca foram usados juntos, mas que, à primeira garfada, se revelam feitos um para o outro. Já inventou coisas implausíveis (e deliciosas), como leite frito e ostra de tomate – mas mesmo o desfile de novidades mais radical acaba coroado por um brigadeiro de colher que é só isso, um brigadeiro clássico, preparado como manda a tradição: a verdadeira madeleine de dez entre dez brasileiros.

---

1 "Por delicadeza, perdi minha vida."

Uma vez, ela descobriu no interior de Minas uma coisa chamada mangarito. Durante muitos dias, o mangarito foi a estrela dos seus posts no Twitter e no Instagram. Fiquei muito curiosa e fui ao restaurante experimentá-los. O mangarito é um tuberculozinho do tamanho de uma trufa, e assim, à primeira vista, não tem nada de especial. Nas mãos da Roberta, no entanto, os mangaritos se transformaram no recheio de um ravióli que, por cima, trouxe pequenas lascas, como micro batatas portuguesas, e um crocante das cascas. Emocionante! Tão bom quanto comê-los foi ouvir a Roberta falar, cheia de entusiasmo, a seu respeito:

"Os mangaritos estão em extinção, são difíceis de encontrar. A primeira caixa levou meses para chegar! Corri com ela para a cozinha na maior emoção, e comecei a experimentar de todos os jeitos, cortei, fritei, cozinhei... Quando assei a casca e aquele cheiro maravilhoso se espalhou, foi uma felicidade no ar, parecia sobremesa."

Ela não sabe, mas essa nossa conversa acabou sendo uma grande revelação antropológica. Sempre me perguntei que sentimento levou o homem a insistir na exploração de alimentos que, à primeira vista, sequer pareciam comestíveis. O café, por exemplo: se o que aprendi na escola estava certo, foi descoberto porque, um dia, alguém percebeu que as cabras ficavam espertas quando comiam suas frutinhas. Pois comeram-se as frutinhas, que eram ruins e nada aconteceu. Puseram-se então as frutinhas para secar, e elas continuaram incomíveis. Descascaram-se as frutinhas, torraram-se os grãos que estavam dentro das frutinhas, moeram-se os grãos, ferveu-se o pó... Que gente criativa. E insistente!

Pois diante do entusiasmo da Roberta pelos mangaritos entendi, de repente, o que levou os bípedes, nossos ancestrais, a tentar extrair, ao longo de milênios, o sabor das fontes mais insuspeitas. Quando alguém como ela olha para uma pedra perguntando "Que gosto terá isso?", a pedra que se cuide.

CORA RÓNAI

EDITORA	Edições Tapioca
EDITOR	José Carlos de Souza Júnior
PREPARAÇÃO DE ORIGINAIS	Pedro Barros / Tikinet
PRODUTOR GRÁFICO	Reinaldo Itow
DIREÇÃO DE ARTE E CRIAÇÃO	Yuri Samico
FOTOS	Nana Moraes – páginas 7, 38, 41, 44, 47, 49, 50, 52, 54, 62, 64, 136, 138 Renato Neto – páginas 12, 18, 22, 37, 60, 68, 94, 104, 130, 132, 142, 143, 146, 152 Ricardo Ferreira – página 154 Yuri Samico – páginas 10, 58, 108, 156, 160 Acervo Roberta Sudbrack
REVISÃO DE TEXTOS E RECEITAS	Márcia Duarte e Thais Rocha (Tikinet)
TEXTOS CONVIDADOS	Ignácio de Loyola Brandão Carlos Alberto Dória Cora Rónai Bia Lessa
SUPERVISÃO GERAL DO PROJETO	Anna Samico
COORDENAÇÃO OPERACIONAL	Andréa Samico
ASSISTENTES DE PRODUÇÃO DE RECEITAS	Rafael Erbs Lydia Miya Shiihara Emerson Pedrosa Equipe do Restaurante Roberta Sudbrack
IMPRESSÃO GRÁFICA	Prol Gráfica e Editora

DADOS INTERNACIONAIS DE CATALOGAÇÃO NA PUBLICAÇÃO (CIP) (CÂMARA BRASILEIRA DO LIVRO, SP, BRASIL)

Sudbrack, Roberta
Eu sou do camarão ensopadinho com chuchu /
Roberta Sudbrack ; [revisão de textos e receitas Márcia Duarte e Thais Rocha].
– 1. ed. – São Paulo : Edições Tapioca, 2013.

Vários colaboradores.
ISBN 978-85-67362-00-7

1. Culinária brasileira 2. Gastronomia 3. Receitas culinárias I. Duarte, Márcia. II. Rocha, Thais. III. Título.

13-12428
CDD-641.5981

TAPIOCA

2013

Edições Tapioca
Av. Rouxinol, 84 - cj. 114
04516-000 São Paulo - Brasil
Tel. 55 (11) 5041-8741
contato@edicoestapioca.com.br
www.edicoestapioca.com.br